陈学林 2004.3.13.

天地華年

安石榴

烏臼木

台灣天然染色事典

陳景林・馬毓秀　著

台中縣立文化中心・道禾文化教育機構　編印

大地之華—台灣天然染色事典（一）

目　次

・霄漢之間，雲霞異色，閻浮之內，花葉殊形，天垂象而聖人則
之，以五彩彰施于五色。……老子曰：甘受和，白受采，世間
絲、麻、裘、褐皆具素質，而使殊顏異色得以尚焉。……

                      —《天工開物》

・鍾氏染羽，以朱湛丹秫，三月而熾之，淳而漬之，三入為纁，
五入為緅，七入為緇。　　　　　　　　　—《周禮・考工記》

・沿海漁戶悉以薯榔染衣，其色為赭，渝水不垢。

                      —《台灣通史》

・染青皂法：五倍子、綠礬、百藥煎秦皮，各二文，為末湯浸
染。　　　　　　　　　　　　　　　　　—《多能鄙事》

展現大地的色彩
－傳統染色工藝文化的再運用

　　社區博物館的建立除了以保存、展示地方重要的文化資產為宗旨外，並以塑造建立特有的文化風格與意識形象，作為長期發展的目標。

　　本縣向以傳統精緻、優良的編織工藝聞名，因此縣立文化中心自成立「編織工藝館」以來，即以延續、發掘各社區重要的編、織、結、染、繡技藝特色為主要任務，並努力創新，以提昇傳統工藝，活化運用於現代生活美學或文化產業中。

　　歷年來編織工藝館透過「藺草與苧麻編織工藝」人才培訓及教材編寫計畫的執行，以及「中日編織工藝交流展-台灣館」、「台灣纖維植物及編織技藝人材」、「台灣常見的植物染色試作」、「台灣植物染色織品染色堅牢度的研究」、「館藏泰雅族織物研究」等專案進行編織工藝資源的調查研究，逐次紀錄了本島相關從事編織工藝社區的歷史淵源，協助地方了解並重視週邊環境豐富的工藝文化特色，業已逐漸受到社區民眾及國人的重視，進而促進技術傳承、人材培訓，以及轉化運用於現代生活美學或藝術創作的發展。

　　本書是依據「台灣常見的植物染色試作」計畫之研究製作基礎所編著的，除紀錄傳統與現代優質色彩文化與工藝技術的重要專書外，亦為本縣與國內各社區，提供可充分利用的一項自然資源。

　　值此專輯出刊之際，期望本書的發行，可以推動國內天然染色的興盛，更期許文化中心能持續將多年的研究所得及實地操作的經驗，提供果樹殘枝再利用之技術，開發本縣水果資源的二度價值，如「枇杷染」、「水梨染」、「桃子染」、「柿子染」、「檳榔染」、「梅子染」、「荔枝染」等深具環保意義及工藝特色的文化產業。

　　誠摯感謝陳景林、馬毓秀伉儷三年多來，致力於本書相關調查、研究、製作、策展以至撰著的辛勞，仲生深表肯定及推崇，謹為序。

台中縣長　黃　仲　生

◎機關序

找尋台灣的色彩

…企圖找尋台灣既有的，以及未被開發的色彩，並加以應用與推廣…

　　顏色是上帝賜與萬物最華麗的禮物，大自然界中的五顏六色蘊藏於泥土、植物及礦石中，從數千年前起，人類已經逐漸發掘從植物的根、莖、葉、花、果實中萃取汁液，染出繽紛的色彩的智慧與經驗。

　　本島因為氣候溫暖潮溼，繼之以地形起伏變化很大，形成植被的立體性分布，所以擁有相當眾多的植物種類。

　　千百年來，台灣先民早已普遍地使用馬藍、木藍、薯榔、梔子、楊梅等天然染料，染製日用的服裝、布料，但隨著化學合成染料的傳入，天然染料逐漸被取代。

　　民國八十六年，為了籌備亞太國際編織藝術節－中日編織藝術交流展，本中心曾經派員隨同台灣省手工業研究所馬芬妹老師，以及陳景林老師，赴日本重要染織產地－沖繩縣，拜會各研究單位及染織組合，一路參訪下來，對於該縣縣廳及從業，為了保護島內珍貴的自然景觀，及海域內豐富的珊瑚礁，而積極試研開發當地的草木染，以取代化學染的用心，留下非常深刻的印象。

　　而近幾年來，一則因為國人對於自然環保意識的覺醒，二則由於本島豐富的人文及自然資源日益受重視，為了增加大家的了解、並提供給專業染織作者運用下，本中心特從八十七年七月至八十九年委由陳景林老師進行二期的調查、研究以及試作計畫，期找尋台灣既有的，以及未被開發的色彩，並加以研究與推廣。

　　由於陳老師本身即為當代知名的纖維編織藝術創作者，對於素材染色早已有嫻熟應用的能力，近十餘年來，更多次深入中國西南少數民族地區，調查其傳統的染色及織布技術，故能在短短的二年半內，從本島豐富的植物資源中，開發了超過百種的植物染材，並分別使用六種不同的媒染劑研試「發色效果」及「固色作用」，同時為了使此研試資料更為精準，作為基礎的參考值，本中心並於九十年五月起委託實踐大學申屠光教授進行水洗、日照、摩擦等染色堅牢度的研究，已陸續取得豐碩的成果。本中心並將研究所得，集結國內其它染織工藝家的大作，分別於八十九、九十年舉辦「找尋台灣的色彩」、「再現大地的色彩」等大型的成果發表展覽，逐次向國人介紹天然染色的意義與重要，不僅獲得編織從業及群眾廣大的迴響，也鼓舞我們堅定推動國內天然染色教育的信心。

　　為了能與各界分享，並廣為宣傳，本中心更委請陳老師將其累績多年的研究及經驗，撰著此書，除為中國數千年以來，首次大量紀錄傳統天然染材使用的歷史外，並依據現代科技研究及數據基礎、介紹本島可供開發的45種天然染色植物、各式染色技法等，成為推廣台灣優良色彩文化與工藝技術的專書。

本書內容從基本設備與工具、棉麻材料的豆漿處理、染色植物的認識與染材採集、色素的萃取、媒染性染料、直接性染料、還原性染料、基本染法概述、染色時間、染色溫度、硬水、軟水與中性水、複染、水洗、晾乾、整理與收藏、45種染色植物基本資料及生態解說、文獻集解、到染色記事，一一陳述之。

透過發行，除將提供各界從事染織創作及產品設計者使用，讓自然資源有永續利用的機會，並且也讓大眾重新品味大自然慷慨賜予我們的優雅色彩。

謹向戮力編著本書的陳景林、馬毓秀伉儷、參與本案堅牢度研究的申屠光教授、以及不吝指導的審查老師賴瓊琦教授、曾啟雄教授、王勝男先生、簡玲亮老師、馬芬妹老師、黃淑真老師等，及多方協助的相關從業，對於他們熱心參與，而使專輯得以順利完成，特致以最高的敬意與謝忱。

台中縣立文化中心　謹誌

◎婁經緯序
由探索中積累・從傳統中創新

　　景林、毓秀夫婦皆有深厚的繪畫修養，多年從事於編織藝術的研習與創作，並曾付出多年心血，遠赴中國西南少數民族地區，考察染織工藝並蒐集民族服飾，從多采多姿的染、織、繡等技藝、紋樣與色彩中，探索最原始也最現代的纖維藝術，攀險山、渡惡水、走蠻荒、訪野寨，如非親歷，其艱辛難以體會，由景林、毓秀十多年來的經歷，可見其用心投入之深。

　　日前，景林、毓秀以其大作《大地之華—台灣天然染色事典》文稿及圖片示余，並談及該文稿中一些要義，及其研究工作中一些創見與心得。他們能從台灣本土材料中，試驗出可用素材，並以科學化處理創造研究模式，這一成就，將是纖維技藝非常珍貴的財富，為我國的天然染色著述開先河，為他們所研究的纖維藝術盡了心力與責任。個人認為其中最可貴之處有下列幾點：

　　一是書中將我國傳統的天然染色技術作現代化的詮釋，並與新時代科技作適當的聯繫與整合。

　　二是書中強調人與自然的親和性，並強調人對自然的尊重。

　　三是書中隱含著對當今工業產品氾濫的省思：人們在生產成品時是否祇求量化而不顧文化內涵？人們是否該全部接納單調而乏個性的工業產品呢？天然染色發展的空間應在啟發創造、伸展個性、尋求精緻工藝的層面作文化性的發展，應該被視為文化產業而與工業生產平行並存。

　　四是該書為華文最具系統性的天然染色工具書，初學者可以憑藉其內容與方法而習得一技之長，並且可以此發展新的文化休閒活動。由天然染色的手工實作中，我們會陶醉於色彩的迷人而全心投入於創意的開發工作，如此可以讓心情進入一個安靜、專注的境界，對於美的追求，它將提供一個廣闊的空間。

　　余童年時，家中經營民間布料批發販售，布料之染色全用天然染料，且又與傳統手工天然染坊為鄰，其染室中安置大木槽，內盛藍靛濃液，作為冷染浸染與印染之用，印染所用之鏤空花版，乃由削薄之生牛皮所製，防染漿料為石灰與黃豆粉調成，其刮漿染布情狀，至今猶記憶鮮活。在此提及往事，想到昔日民間技藝，當有部份可供往後發展參酌者，同時如能將傳統染色技藝化繁為簡，簡中再尋求變化，料將可以開創另一新局。

　　至於更深一層天然染色的分析性學術研究，需待更多天然染色人口後，就有希望誕生。天然染色或纖維藝術，是一個無限境界，研習愈深，範圍愈廣，從事者的創造力愈高，整合力愈強，故所有投身此項專業研究者皆應不斷擴大學習領域，使得纖維藝術得以注入更多的活力。

　　期盼景林、毓秀夫婦所著天然染色一書，能影響更多的染織愛好者投入研究與運用，只有參與的人口增加，纖維文化的提升與重整才有逐步達成的希望。

婁經緯

找尋雲霞之色‧大地之華
—— 一個夢想的實現

　　十三年前，景林有感於教學與編織工作都必須耗費大量的時間，在兩者難以兼顧的情況下，辭去高職美工科的教職，不久就在木柵指南宮附近租了一個老房子當工作室，開始步上我們人生另一階段的摸索學習路程。由於工作室位在山坡上，晨昏朝夕與山間草木為伍，自然讓我想延續五、六年前曾經向王勝男老師學習過的天然染色。我常在午餐過後，開著車子穿梭在附近的產業道路上，一邊認識植物，一邊採集試染的染材，經過一段時間的摸索之後，發現僅僅在木柵郊區，就可以找到數十種常見的染料植物。

　　後來，我們關注的課題日漸增多，也常找機會到中南部收集編織材料，每次外出下鄉，總不忘同時觀察各地植物，回來之後再查閱相關的植物書籍，如此日積月累，兩、三年之中，竟也認識了百餘種染料植物，像馬藍、野牡丹、木苧麻、長葉苧麻、荔枝、相思樹、九芎、檳榔、薯榔、紫膠等重要的本土染料，都是在這段時間裡試驗的。不過，由於當時主要心力仍集中在編織材質的探討上，所以並沒有盡全力研究染色，兩年多來，我們帶領幾位學生和兩位助手，大概試染過二、三十種材料而已，其餘多數資料只能讓它靜靜地躺在筆記本中。當時，我們也曾經估算過百種常見植物的研究成本，發覺僅僅材料費、設備費及基本工資就已高達一百多萬元，在人力、財力兩相欠缺的情況下，只好暫停了一場美麗的夢想。

　　一九八九年之後，我們的學習腳步又有一些調整，除了繼續編織與天然染色的摸索之外，也開始前往中國西南少數民族地區從事染織工藝與傳統服飾的考察，為了協助景林考察工作能夠持續進行，毓秀隨後也辭去了美術編輯的工作，從此，我們就以考察、寫稿、接設計案、接研究案、教兒童畫、教編織等不安定的收入過生活，在前後長達十年的考察歲月中，每年大約有二至四個月的時間奔波在雲貴的山區裡，在這「回到過去」、「深入不毛」的艱苦路程中，我們也經常接觸到少數民族的傳統染色，尤其偏遠各地普遍存在的藍染技藝，更是多所接觸，此外，像黃梔子果、楊梅皮、紅刺根、麻櫟皂斗、櫸木皮、皂角豆莢、梨樹皮、青剛櫟幹皮、胡桃果皮、紫膠蟲、槐花蕾、石榴皮等染色，也都曾在民間獲得應用的方法。

　　我們這一路走來，雖然已陸續收集不少資料，但要心無旁騖地專心研試似乎仍力有未逮，只好繼續等待。直到民國八十六年夏天，我們受邀參與台中縣立文化中心主辦的「中日編織交流展」籌備與執行工作，在整個活動期間，我們常有機會和文化中心的同仁相互切磋，交換工作經驗，他們才知道原來我們早有研試天然染色的準備，同時，文化中心同仁們因目睹日本染織工藝家在天然染色方面的卓越表現，而對其優雅的色彩著迷不已，乃深刻地體認到復原天然染色的重要性。因此，當交流展方才推出，王正雄主任（現任台中縣文化局副局長）及博物組的劉麗華小姐（現任台中縣文化局文化資產課課長）已積極在評估台灣自行研究的可能，後來經過專家學者的會議研商之後，終於在

民國八十七年中決定邀請我們主持這項研究計畫。回想起來,從當初在木柵擬定研究計畫到計畫開始執行,已逾十個年頭。

自從接受委託研究以來,我們的日子就變得格外的忙碌,不但要收集閱讀相關的文獻資料,還要加強植物知識,更要不停地下鄉作植物生態的記錄與染材採集,之後又要將所採集的材料染成試片,對於染色效果特別的材料還要將它染製成展覽作品,整個研究計畫,不但要進行文獻整理,還要進行田野調查,更要嘗試產品研發,可以說已將多年來對於天然染色所關切的課題,一一的用行動去面對。

縣文化局成立之後,王主任及劉小姐職位皆已異動,接任的陳嘉瑞主任及承辦的張惠茹小姐仍對本研究鼎力支持,使研究的工作能順利進行。研試至今,我們已執行了兩期計畫,總計研試的染料種類已超過一百種,大約已完成我們所掌握的材料種類的半數左右。這些經挑選研試的染材乃以本土常見的材料為主,即或有少數進口材料,也必然和我傳統染織文化有密切關連,故皆為台灣極易獲得之材料,其中除了少數為動物性染料外,其餘多數為植物性染料。

傳統天然染色皆以天然纖維的棉、麻、絲、毛為基質,所以我們在試染時就從動物性纖維中取蠶絲布,從植物纖維中取棉布各做一套試布,雖然無法遍試各種材料,但基本上已注意到蛋白質纖維與纖維素纖維特性的不同。由於天然色素多為媒染性染料,纖維透過不同的媒染劑處理後,會使各染布呈現不同的發色效果,而目前我們採用的媒染劑以灰汁、醋酸鋁、醋酸錫、醋酸銅、醋酸鐵五種為主,加上一種無媒染者,各種染材試驗之後至少可得棉、絲試布各六塊,因此,百種染材即已獲致一千二百個試片,從色相的分布來看:赤、橙、黃、綠、青、紫、灰黑等色系均已齊全,然而,就試片色彩在色立體的分布區域來看,則明顯地呈現暖色調偏多而寒色調偏少,及中低彩度色偏多而高彩度色偏少的現象,其中又以綠色調和紫色調的色數最少。這種色調分布不均衡的現象原是天然染色自然形成的結果,不過卻也點醒我們今後必須更重視這些稀少色系的研試開發工作。

天然染色存在的變數很多,從材料來源的差異即可發現,如緯度、海拔、氣候、地質、養分、季節的不同都可能影響染材的成分,而染色操作過程中的酸鹼度、溫度、時間、媒染劑、纖維特性、水質等等,也都是不可忽視的變數。目前我們所研試的重點主要是在探討各種染材的「基本色調」之呈現,讀者在閱讀時可以將它當作一種參考模式來運用,至於經由不同的條件設定,以及經由複染產生的色調變化及色域的擴展,自然還存在著非常廣闊的變化空間。

如今研試工作在此先作一個總結,我們從這兩期研究的內容中挑選重要染材整理成這冊專書,並以圖文對照的方式介紹各種染材的特性及染製的基本方法,希望能為染織同好及對天然染色感興趣的社會大眾略盡棉薄心力,庶幾尚有參酌的功能。唯因才學淺陋,染化知識甚為貧乏,自知謬誤必難避免,尚祈各方賢能不吝賜教,是所至盼。

陳景林　馬毓秀　謹識　公元2002年12月

第一章
天然染色
緒論

◎天然染色的範疇

人類所使用的色彩可以概分為顏料與染料兩大類，顏料指的是那些能夠對其他材料形成表面著色的色料；而染料指的是那些能夠以水或其他溶劑溶解，並將溶液中的色素染著在纖維材料上的色料。顏料與染料都是人們用以表現色彩感受的重要媒材，自古以來即受到所有人類的重視。從顏料與染料的發展歷史來看，早期它們之間並沒有明顯的區別，後來由於色料與基質不斷地增加，同時人們對於色彩的堅牢度也日漸重視，因此，顏料與染料的特性才逐漸被區分開來。現在我們從材料的形貌來看，覺得兩者間仍有很多的類似性，然在材料質性及使用方法上卻已有很明顯的區別。在我們的使用經驗中，顏料多數是屬於被覆性的材料，它主要是以塗刷或描繪的技法作表面附著性的運用；而染料則多屬於滲透性的材料，它主要是以溶液浸染或繪染的方式，使色素被纖維材料所吸收，並沈澱附著於纖維材料中。固然，上述的技法分別並非絕對，但自古以來兩者主要區別在此。

長久以來，人類所使用的染料皆取材於身邊，取材於大自然，這些得自天然

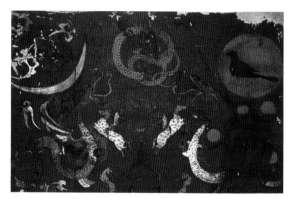

西漢馬王堆帛畫局部。原圖乃是以礦物性顏料所繪成。

的傳統染料皆稱為天然染料，天然染料可以分為礦物性染料、動物性染料及植物性染料三類。事實上，早期的礦物性染料多數為顏料特性，像赤鐵礦（又稱赭石）、朱砂、石黃、石青、石綠、白堊土、鉛粉、金粉、銀粉、煙灰等等皆是，這些礦物性材料雖曾長期地被塗繪在纖維布料之上，但使用時卻必須藉助於油脂或膠質，才能使色料被覆沾黏在纖維上。不過，隨著人類染色材料的增加與染色經驗的擴張，媒染的概念也逐漸的建立，像草木灰、石灰、明礬、鐵水、汙泥等材料的浸泡方法也被摸索出來。從材料的質性來說，它們都是屬於礦物性金屬鹽的運用，這些金屬鹽碰到天然染料就會與色素產生結合而使纖維具有染著的作用。以今日的眼光來看，

貴州黔東南苗族常以牛血塗染衣服

本圖為左件苗衣牛血塗染部份局部特寫

紫膠為膠蟲的分泌物，屬於動物性染料。

菘藍可以製作藍靛，為傳統藍色染料之一。

胭脂樹的種皮可萃取黃橙色染料

毛栗殼與樹葉皆可用以染色

這些材料都是屬於媒染劑而非染料，但以昔時的眼光來看，它們能夠促使纖維材料產生良好的發色現象，自然應該被納入染料的範疇。

而動物性染料則多數來自於動物的血液或腺體，像豬血、牛血、猩猩之血、人血皆曾用以染色，筆者前些年在貴州苗侗地區考察，即發現許多衣服是以牛血或豬血所塗染而成的。《華陽國志‧南中志》曾謂「……猩猩獸能言，其血可以染朱罽。」可見古代中國南方確曾以它染毛布。而印尼巴里島的坦加南村過去織造的「火焰之布」（Geringsing）即曾以人血塗染其暗黑之色。此外，一般人較常聽說的胭脂蟲蟲體及紫膠蟲分泌物皆具鮮紅色素，而骨螺之腺體具有

紫色色素等等，皆為使用歷史悠久的動物性染料。

至於植物性染料的種類則為數甚多，且色相分布也最齊全。《唐六典》有謂「凡染大抵以草木而成，有以花葉，有以莖實，有以根皮，出有方土，采以時月。」可見植物性染料早已成為天然染色最重要的一類。像染紅色的茜草、蘇枋、紅花，染橙色的胭脂樹、橄樹，染黃色的梔子、黃櫨、薑草，染綠色的鼠李、大青，染藍色的馬藍、木藍、蓼藍、菘藍，染紫色的紫草、墨水樹，染黑色的毛栗、漆樹、皂斗等等，都是先民從實作經驗中獲得的傳統性植物染料，這些染料，至少都有數千年使用的歷史。除此而外，世界各地還有許許多

台灣山林的四季容顏—春　　　（謝幼琦　攝）

台灣山林的四季容顏—秋　　　（謝幼琦　攝）

台灣山林的四季容顏—夏

台灣山林的四季容顏—冬

多不同的染料植物，其中有些已被當地人所開發利用，但也有許多仍未被人們所瞭解，因此，植物性染料可說是天然染料中種類最多、資源最豐富的一類。

　　台灣位在低緯度的亞熱帶地區，氣候溫暖潮溼，適合各種植物的生長，加上台灣地形起伏變化較大，低、中、高海拔的植物隨地形變化而呈立體分布，因而孕育了多種多樣的植物種類。在這麼豐富的植物當中，有許多植物的根、莖、葉、花、果中含有大量的色素，它們是隱藏在山林田野間的寶藏，也是大自然賜給台灣人民的無窮財富。

　　早年台灣原住民即擁有獨特的染色技藝，從原住民各族的華麗服飾中，我們仍可窺見昔日染色的華彩，加上後來移

民社會不斷注入的染色文化，使得台灣的染色工藝更加蓬勃，例如早年三峽、鹿港、美濃等地，都因擁有聚集成市的染坊而帶動整個地方的經濟繁榮，其中尤以藍染最具規模。至於檳榔、相思樹、薯榔染的紅褐，黃梔子、鬱金、楊梅染的黃色，烏臼、九芎、栗殼所染的黑色等等，也都是運用台灣本土的植物染料所進行的染色。事實上，天然染色在台灣已有很長久的使用歷史。

◎天然染色的時代意義

　　自從工業革命以來，人類的科學知識累積變得非常快速，尤其在生物、理化的應用科學範疇中，更是一日千里地向

薯榔是台灣各民族的傳統染料

烏桕樹葉可以染黑

楊梅樹皮為傳統黃色及黃褐色染料

九芎枝葉與樹皮可以染黑

前發展。逮至十九世紀中葉，合成染料已被發明成功，其後數十年間，各種染著力強而堅牢度高的化學染料相繼問世，傳統的民間染色工藝遂快速地被新興的染整工業所取代，不但天然染料被化學染料所取代，同時連被染色的天然纖維材料也不斷地面臨化學纖維的競爭挑戰，傳統的天然染料與傳統的染織技藝在生產力弱及成本較高的情況下喪失了市場競爭力，因而不但天然染色材料不再受人們所重視，同時，對於傳統的染織技藝也不再關心。至今，除了少數工業極落後的地區才保存著傳統的染織技藝而外，多數已開發或半開發國家都改變了傳統的生產技術，染整工業也一如其他工業般的成為一種分工精細的專

業，這樣的專業必然形成了大量的標準化與規格化的工業性產品。

化學染料的大量使用與染色流程的分工，已然使得染色過程變得快速而有效率，如今在這種生產模式與生產觀念都已經過重大改變的情況下，為何我們還要回過頭來研究傳統中較缺乏生產效率的天然染色呢？我們認為它具有四個重要意義：

第一為保留歷史文化的意義：人類的歷史源遠流長，每一個時代的文化，都應承續先前各世代的菁華，同時也應經常檢視文明發展的路向，以便修正前進的步調而臻於善境。以染色文化的發展趨勢來看，今後的研發應用必然仍會以化學染色為主流，然而，當大家完全致

工業落後的苗族地區還保存著部份手工染色技藝

古老的侗族繡花衣上的紋樣，色彩細膩耐看。

力於新產品與新技法的開發應用之際，卻完全忽視了百年以前以至洪荒世代間數以千萬年計的人類智慧累積，看來也未免失之偏頗。畢竟人類文明的發展並不僅僅只為生產大量貨品而已，更重要的還要同時能建立起美好的文化，而文化是不能被斷層或孤立看待的，文化的內涵與精神境界也無法一蹴可幾，因此，當我們回顧傳統染色文化之時，並非僅著眼於傳統技藝的恢復層面，更要緊的則在於發掘先民從有限的條件中格物致知的創造精神，以及如何讓人與自然保持均衡和諧的智慧。且看過去，以天然染料及手工技藝製作染織品的年代，人們的生產力雖然低落，但是每件產品的完成，都蘊含著製作者曾經對它

投注了相當的心力與情感，製作者的價值觀、審美觀、創意性與文化意識都會在不知不覺中流露在他所製作的成品中，所以成品就不止於身外之物的成品而已，實際上亦包含著當地的人文觀點與造形文化特色，例如傳統色名以天藍、湖藍、水藍、潮藍、毛藍、翠藍、寶藍、絨藍、孔雀藍、琉璃藍、輕縹、深紺、青黛、蝦青、燕尾青、毛月、炊煙等等色名來形容不同的青色調，即顯示出人們文化涵養的豐富與色彩語彙的細膩。這種地域特徵鮮明、族群含義深刻與文化風格獨特的傳統染織文化，都在化學染料普遍應用導致生產方式改變之後快速地消失，隨之而來的卻是空洞的色彩概念與大量缺乏文化特色的庸俗化產品，這些庸俗化產品固然具有價廉與使用方便的特性，卻再也無法傳達某些族群意義與文化訊息了，這怎不令人憂心科學掛帥產生的文化斷裂現象呢？

第二為環境保護的意義：數千年來，人類都是使用天然染料，天然染料取材於大自然，最後朽滅之後又融回沙泥而復歸於大自然，染料資源在大地上循環，人類看似使用了天然資源，其實只

是短暫借用而已，並沒有實質的消耗。但是化學染料在提煉之時，已經透過人為的力量，使許多材料因重新結合而改變了材料的原本特性，不少材料因此而形成不可逆的反應，故而產生了一些不易分解的物質。這些物質多因染後廢水處理與排放的不當而造成河川、水源、土地、大海的一連串污染問題，同時，由於皮膚終日

化學染料廢水常造成嚴重的河川污染，圖為中國溫州某地。

與衣物接觸，無形中也會影響身體的健康。當今，由於染整工業的快速發展，許多新發明的化學染料在還沒做好環境影響評估之前就會促上市使用，並且在使用之時又缺乏管理機制，以致污染問題與日俱增，百餘年來，人類不但嚴重地損耗了資源，同時還產生了許多不當的堆積，這些不計後果的盲目開發，顯然已帶給大地非常沈重的負擔，如此演變下去，終將形成生態的失衡現象。到目前為止，染整業依然是河川及水資源最大的污染源之一，因此，我們必須持續地關切它所產生的問題。雖然，天然染色的研究與存在並不能取代化學染

色，但是由於它的存在，可以使得人們瞭解並非化學染色才是唯一的選擇，同時也可以促使化學染色的從業者必須作好污染的防治工作，同時應以發明易於分解的染料作為研發的目標。

第三為廢物利用與資源永續利用的意義：如前所述，天然染色皆取材自身邊、取材於大自然，日常生活中，我們隨時都可能製造一些廢物，這些廢物多數會被當成垃圾來處理，因而使得垃圾產量與日俱增，然而，在這龐雜的垃圾堆中，其實也包含著很多可以用來染色的材料，像在城市之中，多少公園植栽與路樹都要清掃落葉或修剪枝葉，這些落葉或枝葉往往可以用來染色；多少家庭或花店在整理庭院、盆景或花卉時都會留下許多殘枝敗葉，它們也有些是良好的染材；而菜市場或花卉市場也常有可用的丟棄物。至於鄉下地方就更不用說了，不但許多果樹的修枝可用，許多的雜木可用，即使是路邊野草，也有許多是良好的染料來源，所以我們在研試探討天然染料時，一定要有盡量利用身邊廢物的觀念，而不要以稀有的、名貴

天然染色工作者應有廢物利用的觀念，像花市中的殘枝敗葉皆可利用。

的、保育性的材料運用才是正途。

其次，使用天然染料還要遵守資源永續利用的自然法則，自古以來，天然染料雖取之於自然，卻不是漫無節制的採伐，相反的卻必須「遵天時」與「守地利」，然後才可以使資源發揮其功能而應用於長久。《本草綱目》有言「凡諸草木昆蟲，產之有地，根葉花實，采之有時，失其地則性味少異，失其時則氣

從北宋時代的緙絲絲品中，可以發現當時染品的典雅色彩。

味不全。」當時雖專指藥材的產時產地而言，但比之天然染料，道理也完全相同。

從一己的用量來說，天然資源固然無盡，但從億萬人的用量來看，所有資源皆是有限，如何才能將有限的資源轉化為無限的運用呢？看來只有讓資源得以「循環再生」，才能維持大自然的平衡。我們從動、植、礦物中提煉出色素來運用，而使用後的色素能否再快速的分解並還原成原來的元素則是我們必須關切的課題，天然染料的堅牢度雖稍遜於化學染料，然而從「循環再生」的觀點來看，「易分解、能還原」正是資源得以永續利用的主要關鍵。

第四為色彩美感的意義：在人類數千年的文明進程中，天然染料在古典的色彩文化中，實扮演了極精彩的角色，我們從一兩千年前遺留下來的古織物樣本中，即可窺見昔日染品中透露出來的典

天然染色的色質優雅自然。（陳景林・馬毓秀合作）

從原住民邵族古衣中，可以窺見昔日染色的丰采。　　原住民古衣上的染織紋樣

雅丰采，同時，我們也可以從目前仍然存在的少數民族傳統天然染色作品中，深切地感受到天然染色所能達到的細膩層次。筆者根據近十多年來在少數民族地區的田野調查經驗，發現各種傳統的天然染色都要經過很多次的複染，使纖維充分地吸收色素，因而可以形成非常豐富的細膩層次，這種具有色彩深度的高貴色質是化學染色所難以比擬的，從色質的深度來看，今後它也應該成為化學染色學習的目標。

　　從更理性的角度來看，天然染料皆取材於大自然，而大自然中未經提煉的任何材料都不會是純粹的單一元素，正因為它們之中不但包含了主要元素，同時也含有次要元素，以及一些微量元素等

等，這些元素彼此之間即產生了有機組合，這種有機組合即形成自然界的生命現象。所以當我們運用它們來染色後，呈現出來的色調就不會是機械化的單一色調，而是一種具有生命感的複合色調，所以天然染色又被稱為「活性的染色」，從媒染發色的染色經驗來說，大多數天然色素，當它和不同的媒染劑產生作用時，就會呈現出多種不同的色調，這顯示出天然色素成份的複雜。再從色彩的使用經驗來看，複合色調多數為中、低彩度色系，這些色系具有很豐富而細緻的色彩情感語彙，並且也具備了相當的耐看性與優雅特質，所以在色彩的搭配上較容易與它色產生諧和感，因而總會予人親切而耐看的感受。

◎ 傳統染色重要文獻的回顧

中國號稱具有五千年文化,是世界文明古國之一,文字的發明及典章制度的建立甚早,在染織工藝的表現上也早有輝煌的成就,從目前已出土的考古資料來看,遠在兩千多年前的春秋戰國時代,染織品已發展至相當精緻的程度,對於纖維的染色,也已具有良好的技術。當時,使用的礦物性染繪材料有赭石、朱砂、黃丹、石黃、石綠等項,而植物性染料則有蓼藍、茜草、梔子、紫草、藎草等等,可以說一些主要的色調皆已齊備,紅、黃、藍三原色及灰黑色都已擁有,加上已能應用明礬、青礬等媒染劑幫助發色,使得染色效果更往上提升。此外,經由複染與套染的運用,使得原本較有限的色彩,可因疊染而產生更多的中間色來。其後各朝各代,隨著染色材料不斷的發現增加,以及染色技藝的改進與流傳,使得人們可用的色數更多,色譜更加齊全。

從流傳至今的文獻來看,色彩文化與染色技藝的記載也起源甚早,《尚書‧益稷》載有「以五彩彰施於五色,作服」,在《周禮》天官中有「染人染絲帛」,地官中有「卯人」、「掌染草」、「掌炭」、「掌蜃」,秋官中有「職金」等,說明周朝已在服式、服色及染色機構上建立制度,從服式來說,各朝代從天子、諸侯、大夫、士及至平民百姓在不同場合即有不同定制,而服色也包含在服式的規範之中。從官營染色機構來看,除周代設有上述染色官職外,秦代設「染色司」,漢、隋設「司染署」,唐、宋設「染院」,元代各地皆設有「織染局」,明、清設「藍靛所」等等,皆為官方掌理染色之機構。

《周禮‧冬官‧考工記》被公認為早期最重要的工藝文獻,其中對處理色彩的分工為「設色之工五……:畫、繢、鍾、筐、慌。」其中畫、繢合而為一,並包含了染色與刺繡,故曰「畫繢之事,雜五色……雜四時五色之位以章之,謂之巧。凡畫繢之事,後素功。」其工藝流程應是先在布帛上染色,然後再於布帛上刺繡或用顏料畫繪。至於畫繪所使用的色彩,必須配合季節與方位而有定制;畫繪所表現的內容也各以特定的形象作為象徵。對於鍾氏職責則曰「鍾氏染羽,以朱湛丹秫,三月而熾之,淳而漬之。三入為纁,五入為緅,

蓼藍植株(馬芬妹攝)

藎草古稱菉草,在兩千多年前已被用來染色。

七入為緅。」此處說明了兩個重點，其一為當時有使用礦物性的朱砂顏料浸染，並以穀類漿糊為黏著劑。其二為藉由多次的複染以產生不同的顏色。而「筐氏」的條文已缺。對「㡛氏」則曰「㡛氏涷絲，以涗水漚其絲……」故可知㡛氏乃掌蠶絲脫膠精練之工作。

至於早期對染料植物記載較多的文獻當屬《詩經》，《詩經》中出現的植物至少百餘種，以今日的瞭解，其中可用於染色的植物種類超過五十種，但是當時實際用以染色的究竟有多少種如今並不可知，學者常引者有藎草、栗、漆樹、茜草、麻櫟、蓼藍、柘樹、鬱金、榛木等少數種類而已。

從染色的技術來看，天然材料直接塗染著色最易，煎煮取汁浸染次之，藍草浸漚製靛較難，而製靛完成後再發酵染色最難，但是這種高難度的技藝最晚在周朝已獲得解決。《荀子·勸學篇》中有「青，取之於藍，而青於藍。」之句，此處之青即為靛青染料，而此處之藍非指藍色色名而指藍草，荀子以此作比喻，顯見當時大眾對藍染技藝已頗為嫻熟。

對於媒染劑的運用，大家多認為應在周朝以前即已開始，西漢劉安《淮南子·俶真訓》有「今以涅染緇，則黑於緇」的記載，涅為青礬或皂礬，即含硫酸亞鐵的礦石，它與單寧酸產生作用後即成為黑色的單寧酸鐵，因而形成「黑於緇」的良好發色效果。此外，明礬、枙木灰、椿木灰、石灰、烏梅醋等物也被用於染色，它們有的起到媒染作用，有的則因可改變酸鹼值而有促染作用。

漢代以後，農、醫日盛，許多染色材料皆附記於農書或藥用本草之中。就農業來說，北魏賈思勰所撰的《齊民要術》為現存最早的農業專書，書中引用先秦至魏晉古籍百餘種，並詢訪老農耕種經驗，較全面地記錄了六世紀前黃河下游的農業情況，其中「種藍」、「種紫草」、「種紅花」、「種棠」、「種漆」等項皆為染色上彩而作。此外，該書還記載了大量的植物種類，其中有許多也可用於染色。晉代嵇含撰的《南方草木狀》以記載南方之南越、交阯一帶植物為主，雖少記述染材染法，但也有不少可用之染料植物羅列其中。明代徐光啟在其巨著《農政全書》中，也有一些和染色相關的記述，而其內容皆與植物的種植、生態、產地、用途互相配合，記

茜草古稱茹藘，其根為重要的傳統植物染料。　冬季葉子會變紅的山漆樹

載的染料植物亦有十多種,不但博引古籍,同時也注重現實的觀察。

至於醫藥的本草著述中,對於染色材料的記述,反而多於農書內容,這可能是因為醫方在藥種藥理藥性上要求精確產生的必然結果。因此,從《神農本草經》以降,各代重要本草著述中皆旁及染色功用。除染材之介紹外,《神農本草經》已有「涅石即礬石」之記載,《唐本草》中也有以朸木灰或椿灰為媒染劑的記載,《本草拾遺》中又載有人工製造鐵漿為媒染劑的做法。明代李時珍撰的《本草綱目》允為醫學巨著,它對染色材料的收錄也最豐富,書中敘及染色功用之染材不下五十種。此外,該書中未言及染色而實際上具有染色作用的材料至少還有百餘種,實為研習天然染色的重要參考寶典。

除《考工記》而外,有關染色最著名的工藝著作應以明代劉基所著的《多能鄙事》、明代宋應星所著的《天工開物》及清代方以智所著的《物理小識》最重要,《多能鄙事》在「染色法」中,即列有十餘條目,使用的染材及媒染劑共二十多種,染法具體而明確。

《天工開物》為明代以來最被重視的工藝著作,其染色內容集於「彰施」卷中,其中所載染材有紅花、蘇木、黃蘗、蓮子殼、槐花、藍靛、蘆木、楊梅皮等十多種,所染顏色包含當時常用的紅、黃、褐、綠、青、玄等色相共二十餘種,同時對藍植物的品種和製靛,以及紅花與槐花的加工方法,皆有詳細描述。

《物理小識》之染色載於卷六,分為染紅及雜染二節,總計使用二十多種染材,為清代重要之著作。

至於近代的天然染色研究著作,較著名的有杜燕孫所著的《國產植物染料染色法》及孟心如著的《植物色素》二書,兩位作者皆為跨越新舊兩個時代的學者,不但具有傳統染色經驗,同時也擁有現代染色化學知識,故論述內容頗能反應二十世紀初葉的染色狀況。當前,漢聲雜誌出版的《夾纈》、馬芬妹老師著的《青出於藍——台灣藍染技術系譜與藍染工藝之美》、李瑞宗·陳玲香兩位老師合著的《藍——台灣的民族植物與消失產業》皆為重要的藍染工藝與藍染文化專著,頗值得我們參考學習。夾纈曾經是唐代以來最重要的印染工藝之一,但目前僅剩浙南一處勉強保

蘇木幹材

槐花花蕾

存傳統技藝，《夾纈》一書即詳細記錄這瀕臨失傳的古老雕版夾染技藝。《青出於藍——》一作為馬芬妹老師對藍染工藝的研究心得，書中除了呈現她多年的田調資料外，同時還有她對藍染技藝復原的經驗，是一本篇幅不多，但內容紮實的實用藍染專書。《藍——》一書為台灣傳統藍染產業的研究著作，書中記載著不少田野調查資料，對於台灣早期藍染的發展狀況，作了一些重建性的探討。

此外，在九二一地震之後，筆者（陳景林）在浩然基金會的支持下，帶領了台南藝術學院五位研究生到信義鄉潭南村進行一系列的染色資源與纖維資源的調查與研試工作，之後乃將試做成果編輯成一本小書——《植物的煉金術》，其內容雖較淺顯，卻是個步驟簡明、老少咸宜的植物染色入門讀本。

◎ 從考察與實作中再現傳統的色彩

時至今日，多數國人對於傳統的天然染色均已缺乏概念，想要探索學習的人多無從著手，這當然與傳統工藝凋萎而研究資料貧乏息息相關。根據筆者查訪，台灣早期各地的漢區古老市鎮皆設有傳統染坊，染坊因牽涉獨特技術與配方，故皆為高利潤之產業。及至二十世紀初葉，因化學染料的普遍使用與現代染法的改變而使傳統染坊快速的沒落，據三峽鎮金聯春染坊後代廖富本先生的口述，台灣傳統染坊最後停業至今大約七十多年，就現今耆老來說，看過傳統

台灣早期製作藍靛的情景 (中央圖書館台灣分館提供)

台灣早期在染布之後以石元寶（碾石）碾布的情景 (中央圖書館台灣分館提供)

染色操作的人已是少數，而參與經營與受僱工作的技術工人更已無法覓得。因此，若想從台灣漢民族間去重建傳統的染色技藝，事實上已存在著很大的難題。而原住民地區的傳統染色技藝，雖有少部份的保留，但使用的情況也並不普遍，只有少數人能夠少量的製作，可

從本土材料中採集試驗，從實作中再現傳統的色彩。（陳景林‧馬毓秀合作）

以說傳統染色技藝也已大量失傳而面臨了中斷的危機。

大致來說，目前國人對於閱讀清代以前的工藝著作並不會有很大的興趣，同時由於早年的天然染色相關資料皆零散地分散在浩如煙海的典籍之中，搜查既已不易，閱讀復有隔閡，況且資料又乏系統，間或有記載過簡而交待不清者，甚至多數論述亦「只知其然而不知其所以然」，所以必然會令很多有意學習傳統染色者望而卻步。

在這樣的情況之下，要想把天然染色的研究工作向前推展，就必須做多方面的探討，我們除了繼續查閱文獻記載與國內民間採訪外，更大的力量是花在考察低度開發的中國西南少數民族地區的染織工藝上，同時參酌國外的研究著作，並從本土材料中採集試驗，從實作中印證閱讀與走訪的心得，這樣的工作雖然大費周章，卻是傳統色彩再現的必要方法。

從現實情況來看，筆者希望在這研究狀況低迷的環境裡，能找尋一個多數人皆可參與的突破口，讓喜歡動手的人有方便有效的方法可以依循，讓有心深入探究的後進也有些基本的參酌資料。我們認為：當美好的色彩能夠再現於日常生活中時，深層的工藝發展課題才能獲得支撐的力量。基此，我們希望天然染色的推廣，能從幾個不同的層面來推動，其一為中小學的鄉土藝術教學的層面，其二為地方社區文化活動層面，其三為服裝與飾品設計層面，其四為大學染織教學的層面。所有這些推廣的工作都會面臨人才不足的問題，而專業人才的不足又導因於學習機制與教材缺乏的課題上。學習機制並非個人所能影響，而教材內容卻是我們可以盡力的地方，所以我們就從研究出版開始做起，希望它能有點拋磚引玉的作用。

第二章
天然染材
的認識
與採集

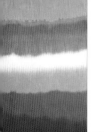

◎認識染色植物

　雖說天然染色包含植物性、動物性與礦物性三大類染材，然而，在我們的傳統文化中，動物性與礦物性染料所佔的比例較低，除了少數如胭脂蟲、紫膠蟲、牛血等動物性染料及朱砂、赭石、白堊、墨等礦物性染料外，數量龐大的天然染料族群，多數仍以植物性染料為主，所以，不論學習天然染色或植物染色，認識自己身邊的植物就成為必要的基本課題。

　一般來說，喜歡天然染色的朋友，大概同時都會具有愛好大自然、喜歡傳統民間工藝、喜歡動手DIY與喜愛豐富而細膩的色彩等特質，對於這些敏感的工藝愛好者來說，要他們去認識大自然中的花草樹木並非難事，或許他們早已是此中高手，只是過去不見得知道它們之中潛藏著很大的色彩寶庫。或許也有些人早已開始留意植物染色，但是在茫茫花草樹林之中，卻不知道該如何著手試驗，尤其是各種植物性質形貌懸殊，可以染色的植物有那些？可以使用的部位在那裡？若無具體路徑指引，恐怕始終無法登堂入室，以窺自然蘊蓄的華彩。

　正如同認識別人一般，我們對染料植物的認識必然會有漸進的過程，從植物的觀察開始，首先要觀察它的長相，然後要知道它的名稱，而後及於別名、科名、屬名，如果我們想更清楚地分別植物的系譜，則拉丁學名也就有認識的必要。此外，該植物在台灣或世界的分布概況，族群數量的多寡，植物的用途，以及它的生態資料，就必須一步步地加以認識，更重要的是該植物可以用來染色的部位，以及發色的主要色調等等，都是學習植物染色的重點。認識植物除了讓我們更瞭解植物的特性外，也會讓我們更懂得欣賞自然之美，並珍視造物者賜予的寶藏。

　透過觀察、閱讀、記錄、採集、實作

要認識染色植物，必須走入田野山林認識與記錄。

學習天然染色，要先掌握主要色調（陳景林・馬毓秀合作）

等過程，我們就會和身邊的染料植物建立了緊密的關係，當我們認識的植物不斷地增加時，我們的染色能力也就日漸提升。

◎ 選擇植物染材的原則

固然，可以用來染色的天然材料可能不止千百種，就算我們窮畢生的精力，也無法試遍各種染材，況且，在這麼多染材之中，其實有不少材料的發色狀況都很類似，所以，只要我們能夠掌握到一些基本色調，就可以隨著每個人生活環境的不同而使用一些方便取得而又具有地方特色的材料。

植物染色的基本色調有那些呢？我們認為應有紅、橙、黃、綠、青、紫、褐、灰黑等八個系列。其中能產生黃和褐色系列的染材種類最多，灰黑與紅色

次之，至於綠色和紫色則屬於少數族群，所幸它們都屬於間色，可藉由兩原色之複染而產生。若能在八種主要色調中各掌握幾種染材，就可以將植物染色玩得多采多姿了，那麼，當我們要選擇良好的染材時，應該掌握那些原則呢？我們以為至少要考慮下列六大原則：

一・環保性：材料的取得不會造成生態失衡與環保顧慮的原則。

二・安全性：材料不具毒性，且不會產生任何危險的原則。

三・經濟性：植物族群量大而價錢便宜的原則。

四・有效性：材料色素含量多的原則。

五・方便性：採集與加工過程方便的原則。

六・耐久性：色彩具有良好的光照堅牢度與水洗堅牢度的原則。

花市、花店的殘枝落花皆可加以利用。

台南藝術學院前年在水上鄉復育的木藍植物

◎染材以廢物利用及自行栽種為目標

在我們所掌握的資料中，台灣可以用來染色的植物不下於數百種，其中有許多還是大家舉目可見或耳熟能詳的常見植物，這些植物常常就在我們身邊，有的在自己的庭院、有的在道路邊、在公園裡，或在後山上，到處都有染料植物的生長。但是，當我們要採集染材時，一定要先建立環境保護與資源永續利用的共識，才能使植物染色的美意產生良性的發展。如果以國人過去掠奪破壞自然資源的習性將事，則植物染色工藝的推廣，可能反而會變成人們肆意殘害植物的元兇。

從先進的西方國家與日本染色工藝家們謙卑、節制而謹慎的從事態度來看，我們的植物染色工作者確實有必要適當

的加以規範，尤其在染材的取得及媒染劑的使用上，都要時時以生態環境為念。原則上，染材可以有幾種合理的取得途徑，其一為公園、庭園、路樹所修剪的枝葉的使用。其二為花市、花店等殘枝落花的利用。其三為果樹等莊稼作物定期的修枝運用。這些不但不用花費成本，同時也可以適當的協助廢棄物的處理與再利用。其四為購自中藥店或青草藥店。其五為自行栽種的植物運用。為了染材來源的不虞匱乏，植物染色工作者應以種植染料植物為己任。我們所擔心的是當許多學習者在一知半解之時，看到植物就產生見獵心喜的衝動，甚至於不管有用沒用，上山之後就對野生植物任意摘取，難免使野生族群面臨人為破壞，這不但無益於工藝的推廣，甚至於產生反面教育，從事者不得不慎。

◎ 植物染材使用的部位

對多數的植物種類來說，它的植株又可以概分為根部、幹材、莖、枝葉、花朵、果實、種子等不同部位，可以萃取染色色素的部位則因各種植物的特性而各有不同，像楊梅、黃蘗、垂柳等就以幹皮為優；洋蔥取鱗莖之外層皮膜；安石榴、栗、欖仁、葡萄、胡桃皆可取其果皮；而使用枝葉的情形最多，像龍眼、構樹、栓皮櫟、白匏子、木苧麻、楓香、柿、珊瑚樹、玫瑰、毛柿、化香樹、桑樹、無患子、台灣繡線菊等皆取其枝葉；茜草、紫草、大黃等取其根部；槐花、金盞花、紅花、大理花、菊花等取其花朵；墨水樹、紫檀、魯花樹、南洋杉、蘇枋木、杏等以老幹的心材為佳。

但也有不少植物可以同時使用幾種不同部位者，例如台灣胡桃、栗、青剛櫟等的枝葉、果、幹皮皆可染出褐色；福木、紅楠、櫸木、檬果、咸豐草、菊、月桃、五節芒、艾草等幾乎全株可用。對於這種同時可以使用幾種部位的植物來說，除了為數眾多的咸豐草、五節芒等雜草之外，採集時應該以對植物的生長影響最少為原則，也就是說以植株的末端優先採集為原則，如果它的枝葉可用，就盡量以採集枝葉為主，如果細枝可用，就盡量避免砍伐粗幹，若是幹材、根部皆可用，就儘可能捨去使用根部的念頭，不得已需要挖取根部，也盡量以少量挖取為原則。如果非要剝取樹皮，也只能在局部細條縱剝，萬萬不可輪圈式的橫向剝皮，以免整棵樹因此斷送了生機。

◎ 採集的工具

採集植物染材時必須因植物種類而使用恰當的工具，一般草本植物可以用鐮刀割取，而灌木植物枝葉可以用修枝剪修剪，挖根以十字鎬為主，至於喬木幹材，則非用鋸子不可。如果要採喬木枝

剝取樹皮時，以細條縱剝為原則。

局部修剪對植物的影響最少

採集較高大的喬木枝葉，使用高枝剪較為方便。

葉呢？那最好買一枝高枝剪來使用。高枝剪為植物染色必備的工具，目前已可以在一些五金行中購得，尤其在接近郊區的鄉鎮，因農民的需要日增而容易買到。

台灣的染料植物之中，六成以上為喬木植物，當我們需要使用它們的枝葉作染材時，往往會因枝葉離地太高，或植物生長在崖邊而望樹興嘆，以往的思惟可能必須架長梯或爬上樹才能砍下所需的染材，但目前已不必如此勞累，採集喬木枝葉時，只需攜帶一枝具有伸縮功能的鋁合金製高枝剪，就可以使自己的手臂延伸三公尺，加上自己一米多的身高，對採集多數喬木植物枝葉，應有八、九成以上的把握。同時，以高枝剪剪下植物細枝，不但不會傷害植株，還可以因此促進老枝葉更新。

◎採集季節

染材的選取必須兼顧天時與地利，任何植物的生長都與季節的運行密不可分，如同其他生物一般，植物在四時間也有生發、成長、茁壯、休息的循環，所以在不同的季節裡，植物所含的成分就不盡相同，反應在染色的效果上也會大異其趣，因此，各種染材採集與製作的時機掌握就顯得格外的重要，古人所謂「得天時」正是此意。例如馬藍，採收的季節一定要選在它生長得最茂盛的季節裡，才能浸泡出最多最美的靛素，在台灣為初夏至秋末之間，在中國西南則約在盛夏至十月底前；再如相思樹，春、夏季染色的色調偏淡，而冬季染色的色調較濃；又如青楓、九芎、莢迷、構樹、茄冬、李等落葉性植物，若欲以樹葉染色時，必須在秋天之前採集使用，否則一到秋冬，就只剩一片枝椏。在台灣，這種落葉性植物所佔的比例很高，它們的枝葉在染色所呈現出的色彩大概分屬於黃色及褐色兩大色系，各色系中又有部份植物的鐵媒染可以呈現灰黑色調。

一般來說，呈現黃色系的材料多適合在新葉生長不久，綠葉尚未老化的春末夏初之間採集。而呈現褐色系的材料則較適合在葉片由翠綠轉深綠，或由深綠轉黃褐的成熟季節採收，每年大約是在仲夏至秋末之間，視植物種類而有前後差異。初學植物染色的人，對於植物的認識常會覺得有些困難，更何況要判斷那種植物在那個季節採集才算妥當，當然也會是難事一樁，我們在此提供一個

大略的判斷方式，給初學者作為參考，雖然它並非絕對準確，但大致不會太離譜，那就是在一年之中，當植物的生命力最旺盛的季節，大概就是理想的採集季節，利用花朵染色的植物，當然必得在花朵開放的季節採集，若是利用枝葉當染材的植物，則多數在開花之前使用

台灣的馬藍採收季節較長，約為初夏至秋末之間。

冬季的楓香紅葉亦可用來染色

檳榔果在任何季節皆可使用

較理想，一般來說，開花之後，植物消耗大量養分，對於色素的含量當然會有明顯的影響。但是也有部份植物是可以不分季節採收的，像常綠性的龍眼、福木、銀葉樹、毛柿、桃花心木、萬壽菊、茶葉等，都可以在不同季節中得到一致的顏色。

除了上述常綠樹種而外，基本上冬季是屬於綠色植物染色的淡季，此時，偶爾還可見到山漆、楓香等紅葉猶可運用，一些堅果類的果實或種子也已成熟，如青剛櫟、栓皮櫟、胡桃、檳榔、毛栗等堅果或果皮，正好可以撿來運用。此外，冬季還有根部性染材如茜根、紫草根、薯榔等，及幹材如蘇枋、墨水樹等染材可以運用。

◎ 生鮮染材或乾材

對多數植物染材來說，使用時應以新採的生鮮材料為主，那是因為多數染材的色素在生鮮時可以保存得較為完整，一但存放過久，有的色素會被分解，也有的會產生變化，不是色素變少，就是彩度變低，尤其是利用草本莖葉或是木本枝葉的材料最是明顯，而使用樹皮的情況也大致如此。不過也有些枝葉類的染材是可以保存使用的，如山漆葉、鋪地黍等。其他如根類或堅果類染材也多數可以曬乾作為長期保存使用，像茜根、檳榔子、山黃梔、栗殼、石榴皮等材料皆是。至於幹材類染材也多數可以保存較長的時期，有的舊材甚至優於新材，如梅幹、蘇木等是。

大地之華

第三章
基本染法
概述

◎ 基本設備與工具

品名	規格	數量	用途說明
瓦斯爐	快速爐或一般爐	視需要而定	煎煮染材抽色及染布時加溫
不鏽鋼鍋	視染布量斟酌的大小	視需要而定	煎煮染材及染色
不鏽鋼濾網	方便架在水桶上即可	1個	過濾染液及媒染劑
水桶	一般塑膠桶皆可	視需要而定	盛裝染液、清水或當媒染桶
水瓢	約2公升	1-2支	掏水或分配染液
攪拌木棒	口徑約3公分，長約90公分	3-4支	染色時攪拌
	口徑約2公分，長約50公分	3-4支	媒染時攪拌
秤	10公斤平台秤	1台	秤較大量染材或被染物
	500公克平台秤	1台	秤少量染材或被染物
天平	一般	1台	秤量媒染劑
酸鹼值測計	一般（PH值測計）	1支	測試染液酸鹼值
柴刀	大	1支	砍削幹材
菜刀	大	1支	剁切枝葉或草類染材
砧板	大	1個	剁切枝葉或草類染材
溫度計	0-110℃，長約30公分	1支	量染液溫度
刻劃量杯	500c c	視需要而定	調媒染劑
不鏽鋼匙	實驗用	視需要而定	調媒染劑
花材剪	修花材或採水果用者均可	1支	採集灌木染材
高枝剪	雙節可伸縮式	1支	採集喬木染材
剪刀	剪布用	1支	剪布
大臉盆	口徑60-70公分左右	1個	清洗被染物
工作手套	一般棉手套	若干	採集或切剁染材
橡膠手套	中長統	若干	染布、媒染、擰乾
標籤卡	卡紙約3 x 5公分左右	視需要而定	染布標記
標籤槍（含聯線）		1支	釘標籤卡
油性筆	細	1支	記錄標籤卡
電熨斗	一般	1台	染布整燙
裝染材容器	塑膠編織袋等	若干	盛裝採集之染材
晾曬衣架	雙頭夾	若干	晾乾被染物
口罩	一般	若干	調製媒染劑時佩戴
圍裙	前罩式	1件	染色時使用

※媒染劑請參酌內文媒染劑部份挑選

※工作場所：空間寬敞、光線明亮、通風良好、水源方便並可生火燒煮之處，家庭廚房亦可。

基本設備與工具圖：

圍裙

水桶

不鏽鋼鍋

大臉盆

不鏽鋼濾網

瓦斯爐

裝染材塑膠袋

高枝剪

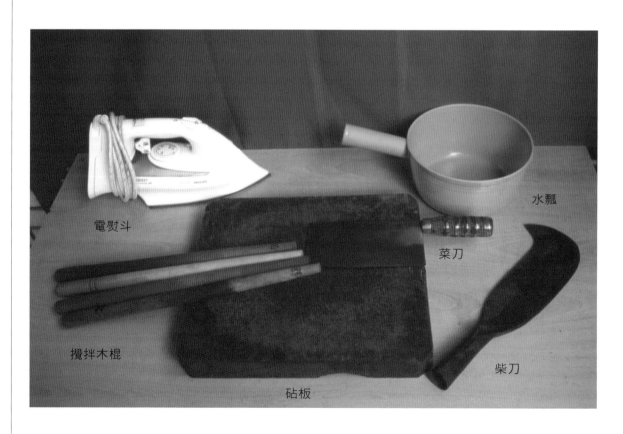

電熨斗

水瓢

菜刀

攪拌木棍

柴刀

砧板

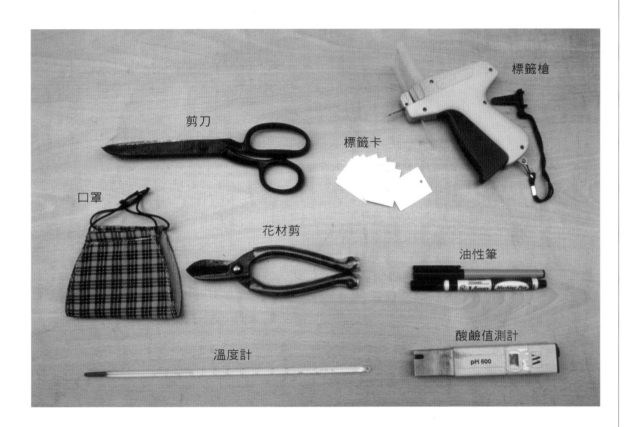

剪刀

標籤槍

標籤卡

口罩

花材剪

油性筆

溫度計

酸鹼值測計

pH 600

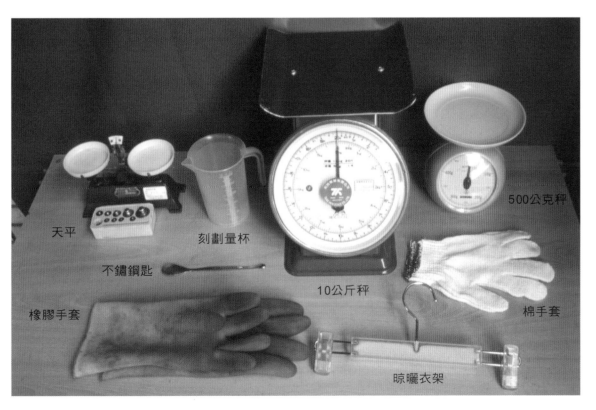

天平

刻劃量杯

500公克秤

不鏽鋼匙

10公斤秤

橡膠手套

棉手套

晾曬衣架

◎ 被染物的染前處理

天然染色所使用的被染物多數為棉、麻、絲、毛等天然纖維，這些天然纖維從原材料到紡成紗線或織成布疋，都必須經過許多處理的程序，才能使它成為可以染色的材料。我們從市面上所購買的各種紗線或布料，有些已經過精練、漂白的處理而呈現均勻潔白的面貌，這些材料，只要再做退漿的處理，就可以用來染色。有些胚布因未經精練、漂白而含有膠質、灰質、油污、糊料、蠟質、色素等雜質，也有些因存放時間過長或受潮而變黃者，就必須再經退漿、精練、漂白的處理，然後才可以用以染色。

● 退漿

紗線材料在織布之前，為了織造的方便，往往需要上漿處理，而布疋織好之後，在上市之前，為了使布料產生平挺的效果，也多會再行上漿處理，這些附著在纖維上的漿料都會影響染色的效果，所以在染色之前必須進行退漿處理，才可以使纖維與色素順利結合。

在工業上，退漿的方法非常多種，有使用酸、鹼、氧化劑及酵素等多種方法。而一般家庭式的手工製作應以方便操作為原則，我們可以先將布料浸泡清水一天，然後再放入洗衣機中，加入中性洗滌劑及熱水洗滌，洗滌時間約半小時至一小時，洗後再以熱水沖淨即可。

● 精練

精練就是去除纖維以外的不純物之處

肥皂絲是理想的蠶絲精練劑

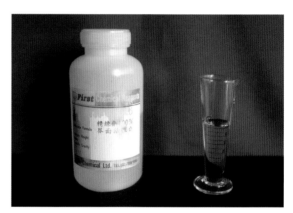

界面活性劑

理方法。因纖維材料性質的不同，處理的方法也有分別。

棉麻材料可以用布重2--3％的鹼劑（如純鹼或燒鹼）當主精練劑，再加布重0.5％左右的界面活性劑（或一般中性洗潔劑）當輔助精練劑，用1：20--30的浴比，置於不鏽鋼鍋中煮練一小時，煮時要經常翻動，煮後充分水洗、晾乾而成。

蠶絲的精練主要是為除絲膠，除絲膠時只能用弱鹼處理，以免損傷纖維。煮練時可用布重的1--2％肥皂絲作精練劑，煮練時間約為半小時至一小時，煮後必須充分水洗，以免鹼質殘留而影響蠶絲的品質。

毛料精練主要為脫去油脂，為了不損

及纖維，精練時避免使用鹼劑，故可以用布重的2-3％界面活性劑（或中性洗潔劑）當精練劑，煮練時間約半小時，煮後充分水洗而成。

● 漂白

漂白是將纖維上殘存的色素分解，使纖維成純白的處理方式。化學上的漂白乃是藉由氧化或還原的作用，使色素產生分解，經漂洗後達成纖維潔白的目的。漂白劑有許多種，家庭式的處理方法以簡便為宜，可以用市面上販售的漂白水，參酌其使用比例浸泡漂白即可，如果漂白效力不夠，也可以酌量增加其比例。

● 棉麻材料的豆漿處理

十多年前，我們剛開始接觸植物染色時，常將棉布、麻布和絲線一起丟入同一染鍋中染色，染後的結果總是絲線的吸色情況極好，而棉、麻布的吸色情況極差，這個現象一直持續了好幾年，直到後來我們去雲貴地區考察少數民族染織工藝，從苗族人染色時常在兩次之間輔染豆漿、蛋清等物，才知道原來棉、麻纖維材料也可以產生很好的染色效果。沒過多久，我們在閱讀日本的染色資料中，也陸續發現了「豆汁下地」或「豆引」的字眼，後來從山崎青樹先生的著作裡，才清楚的了解「豆汁下地」的進行方法。原來，「豆汁下地」或「豆引」就是「豆漿打底」或「豆漿處理」的意思。我們按照山崎先生的做法試了幾次，每次都有新的體會，也陸續發現一些問題。現在處理豆漿，基本上已可以應付自如，其關鍵就在比例、時間及如何均勻吸收等問題上。

蠶絲、羊毛等動物纖維含有豐富的蛋白質，這在色素與纖維的結合上起了重要的作用，它們在染色前雖不用豆漿處理，但還是可以具有很好的吸色條件。而棉、麻纖維的主要成份是纖維素，它們與多數染料及媒染劑間缺乏親和性，因此，染色時常會令人覺得「無法吸色」或「色素淡薄」的感受。為了解決纖維素材料吸色的困難，先民們於染色實踐過程中，得到了以豆漿等物浸泡纖維材料的智慧，其目的就在於使纖維素吸收蛋白質，進而促成色素的結合。

豆漿含豐富的植物性蛋白質，蛋白質成份會因高溫而逐漸被破壞，所以用來浸泡纖維的豆漿必須是未煮熟的生豆漿，而不是早餐店販賣的熟豆漿，否則處理的效果會大打折扣。至於是否還有其他方法可以解決蛋白質的附著方法

棉麻布有無豆漿處理的吸色差異頗大，左為染福木時未經豆漿處理的棉布染色，右為先經豆漿處理再染者。

布料上漿流程圖：

1.浸泡黃豆，水量為黃豆八倍，浸泡水勿倒掉。

2.磨豆漿：黃豆與浸泡水一起打漿。

3.生豆漿以棉布袋過濾

4.棉麻布浸泡、翻動、搓揉上漿。

呢？其實還有，像前述的蛋清或部份牧區使用牛奶浸泡，也都是可行的方法，只是在台灣，這樣的成本未免太昂貴了吧！

經泡水後磨製的生豆漿，必須馬上用來浸泡棉麻材料，在常溫下，如果擱置兩、三小時，豆漿就開始發酵變質，當它發酵時，表面即開始冒泡，同時產生酸腐的氣味，並逐漸產生豆花狀的凝結現象。碰到這種情況，只好將豆漿拿去澆花，不能再用來漿布，否則就會形成吸收不均勻的現象。

棉、麻材料在豆漿處理之前必須先作好精練，如果買來的布匹已經過精練，也要注意是否含有其他為整平所用的漿料，比較保險的方法是先用熱水浸泡並加洗滌劑以洗衣機洗過，以去除不必要的各種漿料，曬乾後再做豆漿處理，以免影響豆漿的吸收。

豆漿的濃度高低也會影響漿布的品質，而漿布的次數也會影響染色的效果，一般黃豆與水的比例大約維持在1：8左右，也就是說一公斤的乾黃豆與八公升的水，算是合理的比例，分量多一點或少一點並不會有很大的影響。為了使漿布均勻，豆漿中不可含有渣質，磨後的豆漿必須以棉布袋過濾並絞乾，之後再將豆渣泡些水以棉布袋重絞一次，以充分利用豆中所含的蛋白質。

將上述兩次絞出的豆漿調在一起，再將棉麻等纖維材料放進吃漿，豆漿與棉麻纖維的重量比約為4：1左右，也就是說，8公升的豆漿大概可以漿2公斤左右的布量，換句話說，2公斤的布重大約需要用到1公斤左右的乾黃豆。將上

5.上漿之後將多餘豆漿擰絞出來

6.擰絞後再放進脫水機脫水一分鐘

7.脫水後的漿布拉襯後繃在大太陽下曬乾

述的重量比詳列如下：

黃豆：水量：纖維材料 ＝ 1：8：2

做豆漿處理時，應該選擇出大太陽的日子製作，最好是在炎熱的季節進行。

當棉麻材料浸泡在豆漿中時，應經常搓揉翻動，等棉麻吃漿20分鐘之後，必須將它擰乾，為了避免曝曬時豆漿附著的厚薄差異，最好擰絞後能再以脫水機脫水1分鐘，再將它們展開打鬆拉襯，並置於太陽下快速曬乾。乾後再重複上述步驟，做好第二回的漿布後才算完成，講究的也有做第三回漿布者。

漿過的布料在曝曬的方法上必須注意一些細節，否則很可能會產生一些不易糾正的錯誤。不管所漿的布料面積大小，原則上，在曝曬之前，必須將各布片完全扯平，吊掛時也要設法保持布面的平整，若以懸掛方式晾晒，更應避免布片產生明顯的縐褶，否則有縐褶的地方就會延長乾燥的時間，當一塊布片乾燥時間明顯不一致後，將來染出來的布塊就會呈現深淺不一的褶痕。對於長匹的布料，最好能在兩端各加一根竹竿，再以繩索分別向兩頭拉緊，使全匹布料完全均勻的曝曬在強烈的陽光之下，棉麻材料務必曝曬乾透，以免布料發霉。經過兩回豆漿處理之後，漿過的材料會帶乳白色，這是正常現象，它可以使染色效果增加數倍。這種利用豆漿浸泡，使纖維材料附著蛋白質的方法，在天然染色中又稱為「有機媒染」。

為了使豆漿處理過程簡明易懂，復將各步驟條列如下：

一‧棉麻材料先做精練或脫漿處理。

二‧秤量布重：由布重推算所需的黃豆量，黃豆量為布重一半。

三‧浸泡黃豆：冬天約浸泡一夜，夏天則浸泡3-4小時。黃豆量以棉麻材

絞紗上漿流程圖：

1.棉麻絞紗上漿時，要循環移動，避免亂線。

2.漿線絞乾

3.漿線再脫水一分鐘

4.脫水後以雙手臂拉扯打鬆

5.打鬆後的絞紗掛在竹竿上曬乾

料重量的一半為原則。

四・磨豆漿：以磨豆漿機、果菜機或果汁機磨打，磨成的豆漿以棉布袋過濾，並絞乾豆渣，豆渣再泡些清水，作第二回絞汁。黃豆與水量之比約為1：8，若無磨豆漿機器，也可以考慮到豆漿店訂製生漿，唯需清楚交代，切不可加溫煮沸。

五・浸泡吃漿：將絞過兩回所得的生豆漿調在一起，再將棉麻材料放入浸泡，並經常搓揉翻動，浸泡時間一回約20分鐘。

六・脫水與曝曬：將浸泡過的材料擰乾並脫水1分鐘，然後確實扯平，並在大太陽下均勻曬乾。

七・再次浸泡與曝曬：重複 5、6步驟，讓同一批材料上漿兩回，曬乾後即可收藏備用。收藏時請注意保持乾燥，切勿潮溼，以免上過豆漿的布匹產生霉點。

◎色素的萃取

色素的萃取俗稱抽色，在抽色的過程中染材用量、染材的處理、溫度、液量、萃取次數、萃取的方法等等，都是不可忽略的課題，分別述說如下：

● 染材用量

染材用量是以被染物和染材的重量比例計算，例如被染物重量為1公斤，染材重量為2公斤，其比例即為1：2，用百分比記錄則為200％，染材量愈多，則百分比數字愈大。原則上，染材使用的比例愈高，則所染出的顏色愈深。但是，染材的用量總要有個範圍才行，否則就不知該如何著手進行。漫無節制的用量不但浪費自然資源，同時也浪費人力成本；而染材用量過低，不但染不出美麗的顏色，更會使染色者感受到嚴重挫折。

對初學者來說，要判斷天然染材的用量確實是個難題，一般來說，染材使用100％以內能夠染出深濃的顏色，就可以算是色素含量很高的材料，如果染材使用500％左右，還染不出明顯的色彩時，這種材料就缺乏開發的價值。在本書所附的色樣中，即已標示出染材的用量，可以給學習者做初步的選色參考。如果希望色彩更深，可以適當的增加染材比例，如果想要較淡的顏色，也可以適當的降低染材比例。但是染深色也總有個飽和點，想超過飽和點，就只能以多次複染的方法，才可能達到自己所需要的深濃程度。

● 抽色前的染材處理

抽色之前要先將帶有汙泥的染材清洗乾淨，同時對於各種粗大的染材做適當的切剁處理，以增加溶液的接觸面而便於抽色。草本植物與木本植物的細枝和樹葉，可以用大菜刀或裁刀切成細段，

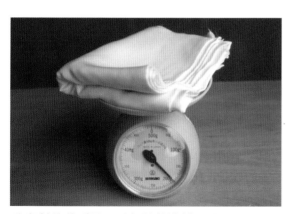

先秤被染物重量，以便計算染材需要量

再秤該用之染材重量

幹材先以鉋刀刨成薄片

核果或團塊根莖可以杵臼搗碎

對於較堅硬的幹材、樹根及樹皮，則必須以鉋刀刨成薄片，或以碎木機打成碎片，若無上述設備，也可以用柴刀將染材削成薄片，若染材為堅硬的核果或團塊狀的根莖時，則可以用木杵和石臼搗碎。

● 液量與浴比

染材經過切剁處理之後放入大型不鏽鋼鍋中，然後注入適當的水量，就可以開始升溫煎煮。而水量的多少會影響染液的濃度，水量過多時，染液自然會被稀釋，水量過少時，被染物會擠成一團，纖維即無法均勻地吸收色素，染後會形成色花的現象。所以注水量多少就

要先考慮浴比和煎汁的次數，要計算水量，就要先從被染物的特性與浴比的高低算起。

所謂浴比，就是被染物的重量與染液重量之比，例如一般的布料，浴比可以訂在1：50或1：60，也就是說當被染物為1公斤時，染液量為50或60公斤（即50或60公升），這是一般的情況，如果被染物的份量很少，或被染物的材質很蓬鬆，則浴比就必須適當的提高，否則會因染液在加溫時被蒸發掉或材料的吸水量大而產生操作上的困難。

決定被染物的重量與浴比，就可以算出染液的需要重量，而染液的重量就是各次煎煮液的總和重量。煎煮染液時，難免會蒸發掉一些水量，所以注水時應酌量增加，例如：

被染物為1公斤，浴比為 1：60，而抽色次數為三次，則每次注水量為 60 公升÷3＝20公升 + 蒸發的水量，（蒸發量視染材煎煮的時間而有不少差異，一般約在 10 - 20％左右）所以我們每次抽色都得注水22 - 24公升。

● 萃取的次數

染材萃取染液的次數多少也沒有個定數，它必須取決於染材中色素的含量多少及抽色的難易程度，像茜根、紫膠、蘇木、墨水樹等染材，其色素含量較多，可以做五、六次以上的抽色，尤其是木質部或堅硬的染材，抽色的次數往往可以多些，若是草本植物或木本植物的莖葉，往往萃取兩、三回後即無色

福木等革質葉片，抽色的次數可以酌量增加。

素，這是一般的情況，但也有些例外的情形，像福木、瓊崖海棠等革質枝葉，煎煮三次以後都還含有不少色素，所以抽色的次數應該可以酌量增加。

● 萃取的溫度

各種不同的天然色素，其性質往往有極大的差異，它們各有其適合的抽色與染色溫度，有的色素在常溫下即可被水溶解，溫度太高，則會產生色素被破壞的現象，例如紅花、紫草及部份鮮花花瓣的染色，都只適合一般的常溫抽色及染色，如果溫度過高，色素反而會被分解。另外，馬藍在打靛之前，一般也以常溫浸泡枝葉，而浸泡時間的長短則與

氣溫的高低息息相關，以台灣八月平均溫度在30℃左右來說，浸泡的時間約在30-36小時左右即可充分溶解出馬藍色素，而貴州在十一月中旬溫度約13℃時，浸泡的時間卻長達120小時左右，兩者差異如此懸殊。我們曾經嘗試以加溫的方式溶解馬藍色素，當溫度升高到40℃左右時，會發覺綠色的浸泡液不斷變深，這和常溫浸泡的情況很類似，只是溶解的速度加快了許多。當溫度再往上升高時，又會發覺浸泡液的顏色由綠逐漸轉為藍紫，當溫度高過 70℃，就會發現藍色味已快速消退，而紫味開始偏灰，當溫度再往上升高時，紫色變得愈來愈灰，色素有隨著溫度升高而逐漸崩解的現象。這充分說明了天然色素與溫度間必須維持恰當的關係，才能使抽色或染色產生良好的效果。

除了少數染材是以常溫或中溫萃取色素外，多數染材都是以沸點或接近沸點的高溫抽色，當染材煮沸之後，爐火轉至小火，持續沸煮30分鐘左右，即可用濾網濾取煎汁，然後再注入適量清水作下一回的抽色。濾網可以選擇細目的鋼絲網，如果過濾後還發現有細粒雜質，可以再用棉紗袋過濾一次。總之，染液

紅花只適合常溫抽色及常溫染色

將馬藍枝葉用清水浸泡，使色素溶解在清水中。

必須過濾乾淨以免雜質殘留而影響染色的均勻度。最後，將各回萃取的染液調在一起後，再進行染布的工作。

● 萃取時的PH值

萃取色素時，一般都以中性的清水直接加溫萃取，不過也有些材料適合加酸或加鹼來萃取，加酸或加鹼必須看該染材的色素是否易溶於酸或鹼而定。加酸時可以選用冰醋酸或檸檬酸，少量時也可以使用白醋或檸檬，像胭脂蟲、蘇木、葡萄、紫蘇、茜草及一些花瓣材料，在煎煮染液時最好加入水量的千分之一至千分之二的冰醋酸液，以利色素加速溶解。加鹼時可以選用碳酸鈉（純鹼）或碳酸鉀，像黃藥、福木、艾草、葛藤、蝴蝶薑、戟菜等枝葉或一些存放多時的木質材料，最好適當地加些鹼劑輔助抽色。鹼的使用量也大約為水量的千分之一至千分之二之間為宜，除非較

以PH計量測PH值非常方便，但量測前要先讓受測染液降至常溫

特殊的材料，否則加鹼的萃取液皆以PH9-9.5之間較恰當。染色時染液多數使用中性浴，所以當染材的色素萃取完成之後，必須先用鹼或酸將它中和成中性浴，即鹼性萃取者加酸，酸性萃取者加鹼，然後才進行染色。酸鹼值的量測，除了過去大家常用的試紙外，還有一種可以自動顯示數字的PH測計可以選用，使用起來非常簡便。

通常用鹼性液萃取時，會發現鹼劑對許多染材具有良好的溶解力，從萃取液的呈色反應來看，含鹼染液多數顯得顏色較濃，但是，這種因鹼產生的染液發色現象有時是個假象，它不一定保證染色後即能產生很好的色彩濃度。當我們將鹼性染液加酸調成中性浴後，染液顏色可能立即變淡，這說明了鹼與酸都同時具有溶解色素與染液顯色的功能，但染液能顯色卻不見得能有良好的染著力，染著力的強弱多數取決於染材色素與媒染劑的作用。

● 即時染色或延遲染色

抽色完成之後，除了部份材料要以帶酸性或帶鹼性染液染色外，最好先將原

冬青之葉可以染緋

朴樹葉亦為良好染材

來加酸或加鹼過的染液調成PH7左右的中性浴，然後趁染液新鮮即開始著手染色。不過，也有部份染液煎煮之後不好立即染色的，像冬青、朴樹、木苧麻、紫杉、厚葉石斑木等染紅咖啡色系的染料，最好能將煎煮好的染液靜置一兩天後，使它先行氧化後再來染色，不但顏色可以染得更濃，同時也可以減少染斑的出現。

◎天然染色基本流程

除了少數的例外，多數的天然染色皆屬於媒染性染色，所以它們在染色的過程中都有一個媒染的步驟，有的媒染是在染色之前進行，有的卻在染色之後實施，也有在兩次染色之間進行的，其進行方式分為下列四種：

一·染前媒染法：
媒染→染色→水洗、晾乾、完成
二·染後處理法：
染色→後處理（或稱後媒染）→
水洗、晾乾、完成
三·染間媒染法：
染色→媒染→染色→水洗、晾乾、
完成
四·多媒多染法：
媒染→染色→改變媒染→染色→
水洗、曬乾、完成

第一種的「染前媒染法」在染色的步驟上有科學的根據，是一種正確的染色觀念。第二種「染後處理法」的發色效果稍差，但《天工開物》和《多能鄙事》中卻有不少此法的記載，顯示過去此法曾被廣泛運用，尤其是在皂礬（鐵鹽媒染劑）產生的褐色系之染色上。它的好處是可以透過多次媒染劑的處理，以方便掌握被染物的發色濃度。過去很多人都稱其為「染後媒染法」，但日本染色專家北澤勇二氏認為這樣的說法有問題，應該正名為「後處理法」才恰當。第三種的「染中媒染法」乃是先進行纖維液染一次，再做媒染，媒染後再液染一次，一般說來，這樣的三段式染法都會有很好的染色效果，值得向大家推薦，本書第四章所作試片亦以此法為本。第四種「多媒多染法」也是一種合理而效果良好的染法，在古代即有明礬先打底，然後染色，再以綠礬媒染，之後又以染液染色的做法，可以染出濃暗的深褐色，染色的過程雖繁瑣些，卻可藉由多次媒染與多次液染，使得植物染色呈現出高貴的色質與良好的堅牢度。

◎煮染

除了少部份染材適合常溫染法而外，多數染材都可以用煮染的染法完成染

煮染流程圖：

1.採集月橘枝葉

4.煎煮半小時後以細紗網過濾取染液

2.將月橘枝葉切細

5.染布先泡清水

3.枝葉放入鍋中加水煎煮

6.泡過清水的染布擰乾後下布染色

色。在此舉月橘為例，參照圖片以說明煮染流程：當染材經過採集、切細、煎煮、過濾提取染液之後，就可以將染液與浸水後的被染物（紗線或布料）投入染鍋中加溫煮染，煮染的時間視被染物的纖維粗細、組織密度不同而調整，一般細支或捻度較低的紗線及細薄柔軟的織物煮染時間可以定在水沸後半個小時左右，如果紗支較粗或織物粗厚密緻者，則要延至一小時以上才能充分吸收。

如前所述，煮染時也要注意恰當的浴

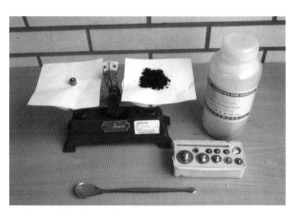

7.秤量適量的媒染劑

8.媒染劑溶解成媒染液

9.將染布擰乾後放入媒染桶中媒染

10.媒染後的染布擰乾後,再放入染鍋中進行第二次染色。

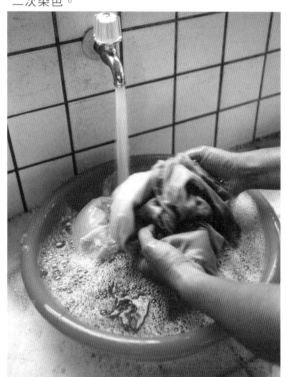

11.染色完成後取出水洗

比關係,才能使染色達到良好的效果。

　　染色之前,被染物(布料或紗線)必須先用冷水浸透,擰乾後抖開放鬆,然後才放入染鍋加溫,這主要是為防止纖維吸色過快而導致染色不勻的現象,同時也可以避免動物性纖維突然遇熱而導致卷縮的情況發生。

　　被染物最好在染液呈常溫的狀態下放進染鍋中,然後再點火升溫。當染植物性纖維時,為了節省時間,不等染液降至低溫之前就趕著染色的話,則浸泡冷水的被染物只需輕絞後即可投入染鍋,不宜擰絞太乾,以免染色不勻。

　　當染布投入染鍋之後,即需不停地翻

12.水洗後吊掛於通風處晾乾

動攪拌，對於絞紗或長布匹，更要以兩支圓棍循環提轉，務使含在被染物內部的染液能快速流出，才能染出均勻的色彩，尤其當溫度升高到沸點附近時，纖維的吸色作用正在快速進行，此時千萬不可停止攪動，否則一定會產生色花現象。當溫度上了沸點，染鍋裡便不斷地冒出氣泡，這會使得被染物不斷地被氣泡所鼓起，此時應先將爐火調轉成小火，只讓染鍋維持高溫即可，同時將浮出液面的染布壓入染液中，並且不時翻動，以免浮在液面上的被染物與空氣接觸過久而形成局部氧化，致使被染物出現染斑或深淺不一的現象。

染色完成之後，可以將爐火關熄，並將被染物全部壓沒入染液中，靜置一段時間，使被染物繼續吸收餘色，以增強

色彩牢度，靜置的時間短則一、兩小時，多者可至一天，在靜置期間，仍得抽空翻動，否則很可能導致縐褶狀的不勻後果。若時間不允許或人手不足時，也可以不用靜置而直接水洗。

染後充分水洗，以除去布上多餘的浮色，必要時也可以再過弱酸水或弱鹼水中和的。處理好的染布應張掛在通風良好而不受日光直射的場所晾乾即可收藏。

然而，植物染色的深度、堅牢度與層次感更是重要的課題，在古代講究的染物中，往往一匹布是要經過多次染色才算完成，像藍染就有染二十多回的，這就會使它的纖維達到內外浸透染透的效果，不但濃度大大地提高，同時色彩也能呈現出深刻的層次美感。因此，複染的效果乃是今後從事染色者所應努力追求的。

除了單一色相或單一染材的複染之外，異色相及異染材的複染也待探討，相信經由複染的實作，一定可以產生更豐富、更細膩的色彩層次。

◎媒染

●媒染的意義

有人說「植物染料是一種活性的染料」，也有人說「植物染料是多色性染料」，意思是說各種植物染料並非只能染單一的色彩，透過不同的媒染劑使用，可以使被染物產生不同的顏色變化。這樣的說法雖未必完全正確（事實上有少部份為單色性染料），但它卻說明了植物染色發色的複雜性及媒染的重

要性。所謂「媒染」，就是將纖維材料浸泡金屬鹽的水溶液，使纖維上附著媒染劑（即金屬分子）的意思，媒染之後再將纖維材料放進染液中染色，染液中的色素即可和附著在纖維上的金屬鹽產生結合而發色。若使用不同的媒染劑，於染色後所呈現的色彩就可能顯現出相當的差異，這種可以結合纖維，並產生發色作用的媒染劑是從事植物染色工作者必須要認識並加以妥善運用的化學物質。

有些人一聽到「運用化學物質」就會開始質疑植物染色的安全性與環保價值，殊不知各種染色基本上都是化學反應變化的課題，關鍵可能就在染料的有機與無機、可分解與不可分解、大量殘留或快速分解等差異上。

在古代，人類雖然沒有系統化與完整的染色化學知識，但從先人的諸多實作經驗中，也累積了豐富的媒染經驗，例如明初劉基所撰的《多能鄙事》中，對於使用皂礬的方法就有如此的記載：「先將礬以冷水化開，別作一盆，將所染帛扭乾抖開，入其水內，提轉令勻，扭些看色淺深，如淺，入顏色汁內提轉，染一時許，再扭看，如好，便扭出，淺則再化些皂礬入盆，下帛其中，好即扭出之，凡用皂礬可作三次下，切不可作一次下了。」除了皂礬之外，先民們早已使用石灰、草木灰、明礬、鐵漿、鐵鏽水、沈積汙泥等物和水浸泡被染物，之後再進行染色，或染色後再以上述材料浸泡被染物使之發色的現象甚為普遍，使得植物染色早就擁有完整的色譜與眾多細緻的色彩層次，至今，這些先民所使用過的天然性媒染劑與媒染技法仍然是植物染色中的精華，頗值得我們深入研究與發揚。畢竟，人類使用植物染料已歷經數千年的歷史，在這漫長的歲月中，不知已淘洗了多少技藝殘渣，能夠被長久保存下來的技藝自有其難以取代的地位與價值。

後來，當人們對於染色化學進行深入研究之後，發現除了以往常用的天然性媒染劑之外，還有一些經過人工化合的材料也能產生良好的媒介效果，因此媒染劑的使用種類就不斷增加，然而並非所有具有媒染功能的材料都可以拿來當媒染劑使用，像貴金屬材料種類雖多，但並不符合經濟原則，所以就不會有人拿它們來使用。一些重金屬材料雖也具有良好的媒介功效，卻也不符合健康及

黝黑的田中汙泥為天然的鐵媒染劑

含鐵質成份的沈積汙泥調水後即可媒染

環保的原則而作罷。當人們衡量過各種條件之後，目前被用來當媒染劑的金屬鹽主要以鈣、鋁、錫、銅、鐵等五種元素為主，過去鉻鹽也曾被使用過，後來發覺它的殘留也會產生環保問題，所以已被染色工藝家所排斥。

在從事植物染色推廣以來，有兩件事

燒過的稻草灰即為天然的媒染劑

用水桶浸泡稻草灰一日以上，經過濾取汁即可用以媒染。

是我們所擔心的，一是染材的取得不可以破壞生態環境，並應符合資源永續利用的原則；二是媒染劑的使用一定不能造成環境的污染。天然的植物染料皆為有機物，它們都可以自行分解，並不會造成金屬污染，但是用以媒染的金屬鹽都是無機物，若未經過廢水處理，就可能會導致殘留與污染，不少金屬鹽媒染劑是屬於劇烈的化學藥品，在沒有弄清它們的特性及處理方式之前，千萬不要隨便使用，以免產生令人遺憾的後果。

如果您想成為一個合格的染色工藝家或教師，我們建議您必須在媒染劑的課題上花些時間與精神去學習與瞭解。如果您只是個業餘愛好者，那麼我們建議您先從古人常用的天然媒染劑開始著手試染，像石灰、草木灰、稻草灰、食用醋酸、檸檬、明礬、汙泥、鐵漿等物，都可以輕易地取得，同時也不用擔心它會對土地與河流產生污染。當您對媒染劑擁有足夠的知識與充分的設備後，才好擴充媒染劑的種類，否則，若因媒染劑的不當使用而產生了環境污染，天然染色就喪失了它被發揚與推崇的價值。

● 常用的助劑與媒染劑

茲就目前常用的媒染劑分述如下：

（一）鹼性發色劑：

◆石灰：一般所說的石灰可以分為生石灰（氧化鈣 CaO）及消石灰（氫氧化鈣 $Ca(OH)_2$）兩種，它們除了是鹼劑之外，也是含有鈣金屬的媒染劑。

a. 生石灰CaO：為石灰石經燜燒所製成，遇到水會產生高溫，故應小心儲

消石灰

存。含水分子後即成消石灰。

　　b.消石灰 Ca(OH)₂ ：一般化工原料店及瓷磚店或建材行均可購得。應用時先將清水注入容器中，再少量地將石灰徐徐加入水中，充分攪拌再靜置二十分鐘後，液面會產生一層薄膜，將薄膜去除後，只取上層澄清液即可。因石灰之強鹼會對動物性纖維材料造成傷害，因此，使用的份量宜少不宜多，染色之後也要充分水洗，盡量減少鹼質在動物性纖維上的殘留。棉麻等植物性纖維因有耐鹼特性，故與石灰的親和性良好，石灰即為其重要的染色媒。

　　◆蜃灰：蜃灰又稱蠣灰或蛤灰，是由海中的貝殼或牡蠣殼所燒製而成的，過去台灣沿海或外島各地都有很多燒牡蠣

灰的地方，當時的蜃灰正如同石灰一般，主要作為建築材料及製糖、打靛之用，所以有相當的產量，《台灣府葛瑪蘭廳志》云「灰：蠣房殼燒，或用以塗墁、煮糖打菁。」但目前本島已少有燒製蜃灰的地方，而金門、馬祖等外島仍未斷絕。蜃灰的功能與使用方法一如消石灰，不但是良好的鹼劑，同時也是鈣金屬媒染劑。據說它的鹼度比石灰還強，所以當它用來處理動物性纖維時，使用的份量不宜太多。

　　◆木灰：木灰即各種樹幹或枝葉燃燒後殘存的灰燼，過去老式的柴灶都要定時的剷除灰燼，這種以木材燒成的木灰正是良好的發色劑、媒染材料與精練劑，對植物染色產生很大的作用。《台灣通史・工藝志》載有「燒煉：山居之民，採伐雜木，積火燒之，而取其灰，煮煉。煉有二種，固者曰煉砣，用以合染，流者曰煉油，可調食，色黃有毒，助消化。燒煉之木，以山蕉、貫眾為佳，亦有配出。」使用前先以容器浸泡熱水，靜置一天之後即可取上層澄清液使用，如同石灰一般，這種含鹼性的溶液可控制在 PH11左右來使用，倘若PH值過高，可以兌清水稀釋。

蜃灰

木灰

◆稻草灰：水稻收割後即產生大量的稻草稈，由稻草稈所燒製的灰即為稻草灰，過去農家多利用稻草做成草繩、草蓆、草鞋、草袋等等，目前多數都不再做為經濟性的用途，而將它切成細段隨犁田時和入泥中做為肥料之用。需要稻草灰者可以趁割稻季節到中南部農家焚燒製取。其性質與木灰近似，處理方法也基本相同，唯稻草灰重量較輕，常浮在水面而不易沈澱，故應多浸泡些時日，使用時還必須以細網濾除雜質。

◆碳酸鉀 K_2CO_3 ：碳酸鉀是和草木灰最接近的鹼劑，在天然草木灰不易取得的情況下，可以用它取代草木灰。另外，當在煎煮染料提取色素時，也常常可以用它來幫助多種染材溶解色素。

碳酸鉀

（二）酸性發色劑：

◆食用醋：自古以來，食用醋即可用多種材料製作，故形成許多不同的名稱，較常見的有米醋、高粱醋、檸檬醋、蘋果醋、梅子醋等等，這些以天然材料製作的食用醋都可以用在植物染料的發色上，另外，也可以用它們作為鹼性染液的中和劑。

◆檸檬酸 $C_6H_8O_7 \cdot H_2O$ ：為無色結晶細粒狀，其性質很接近梅子醋，清水溶解後即可使用。

◆醋酸 CH_3COOH ：為無色液體，具濃嗆味，對胭脂蟲、紫膠、蘇枋等染材之染色能產生重要作用，也是調節染液酸鹼值最主要的原料。

醋酸

（三）鋁媒染劑：

◆醋酸鋁 $AlO(CH_3COO)_3$ ：醋酸鋁是一種水溶性的白色結晶，使用前可以先用燒杯加上少許熱水將它徹底溶解，然後再將它倒入清水中稀釋使用，這是經常被使用的鋁鹽媒染劑。

醋酸鋁

◆氯化鋁 $AlCl_3 \cdot 6H_2O$ ：是一種無色的結晶，可以用溫水溶解，再將它用清水稀釋後使用，其使用法與醋酸鋁相同。

◆明礬 $K_2SO_4 \cdot Al_2(SO_4)_3 \cdot 24H_2O$ ：明礬原是硫酸鋁和其他硫酸鹽組成的水合複鹽的總稱，但一般所指的是硫酸鋁鉀，又稱鉀明礬，它是由硫酸鋁和硫酸鉀的水溶液蒸發所製成，使用時先將它溶解於清水中，再將被染物放在稀釋液中浸泡即可。

醋酸錫

明礬粉

◆含鋁成份較多的木灰：以椿木（即山茶）所燒的灰為代表，除椿木外，枠木、灰木、檜木、杉木所燒的灰也具有良好效果，其製作使用方法一如前述之木灰。

（四）錫媒染劑：

以前錫媒染常使用鹽化一錫或鹽化二錫，但這兩種材料都是屬於較劇烈的化學原料，並不太符合環保原則，所以逐漸被工藝家們所排斥，目前則多使用醋酸錫。

◆醋酸錫 $Na_2SnO_3 \cdot 3H_2O + C_6H_8O_7 \cdot H_2O$ ：為液態原料，使用時直接用清水稀釋後即可浸泡，切不可用熱水沖泡，否則即生白色混濁現象而失去媒染效力。但國內很難買到便宜的醋酸錫，而進口的試藥級原料也非常昂貴，所以在現實上仍存在不普遍的問題。

（五）銅媒染劑：

過去銅媒染常使用硫酸銅，復因該原料也產生殘留問題，所以現在多改用醋酸銅來媒染。

◆醋酸銅 $(CH_3COO)_2 \cdot CuH_2O$ ：為帶藍綠色的結晶，可溶於水，使用時可用熱水快速溶解，並以清水稀釋後媒染。多數銅媒染都會產生深濃的色調，所以它也是植物染色中很重要的媒染劑。

醋酸銅

（六）鐵媒染劑：

漢朝時已知使用含鐵成分的泥土或綠礬（硫酸亞鐵）做媒染，其後也知道拿鐵鏽水來使用，鐵元素用來做媒染，可以產生灰黑系列及各色相的濁色調，對染色工藝的發展至關重要。

◆醋酸鐵 $Fe(CH_3COO)_2$：為褐色的結晶，使用時以溫水溶解，再以清水稀釋後即可媒染，唯鐵質極易沈澱，故媒染時須經常攪動，以免產生色斑。

醋酸鐵

◆氯化亞鐵 $FeCl_2nH_2O$：又叫鹽化一鐵，為綠褐或黃褐色結晶，其性質與醋酸鐵相近，用法也基本相同。

◆木醋酸鐵 $Fe(C_2H_3)_2$：木醋酸是從木頭中乾餾所取得的酸液，加上鐵屑

木醋酸鐵

溶解後即為木醋酸鐵，是一種深褐而近黑色的液體，具有濃烈的焦臭味。使用時將它倒入清水中稀釋即可。因木醋酸是天然的有機酸，較不會造成環境的危害，所以較為染織同好所採用，但目前國內使用量少，故仍不易購得。

◆鐵漿：其主要成份即為醋酸鐵，據唐代《本草拾遺》中記載人工製作鐵漿方法：「此乃取諸鐵于器中，水浸之，經久色青沫出，即堪染青。」在古文中，青、皂、黑的概念往往混淆不清，此處所說的青應該近於皂、黑等暗色，用現代的概念來看，鐵經水浸泡多時之後會產生氧化鐵，氧化鐵水可以使染布變深色，不過它的效力並不十分理想。又日本《染物重寶記》也有記述，其製作鐵漿的方法快速而有效，「醋一升、水一升五合，再加入一百目的舊鐵鏽，用小火煎煮到二升左右，靜置一日一夜即成。」顯然地，這個加酸加熱浸泡舊鐵，使之快速溶解的方法要比《本草拾遺》所記的方法更有效率，所得的鐵漿也更具媒染效果。另外，日人山崎青樹氏也有很相似的的配方，即：米醋500cc ＋ 水500cc ＋ 鐵釘500g 煮沸三十分鐘左右，使混合液剩下500cc，收入小口蓋瓶中，過段時日取出殘留的鐵釘後即可稀釋使用。這是個既經濟又簡便的方法，任何人皆可自行調製。

● 媒染的操作過程

一‧計算媒染劑用量：媒染劑使用的份量與產品的濃度有很大的關係，一般用量約在被染物重量的2％-5

媒染流程圖：

1.量秤媒染劑重量

2.溶解媒染劑

3.用清水稀釋媒染劑，水量約為布重的30倍。

4.媒染時要經常翻動

5.雙手戴上橡膠手套擰乾

％，份量太少會影響被染物的染色濃度，但也不宜過量，因單次吸收必有其飽和點，若媒染劑過量使用，不但無法增加染色濃度，同時也浪費媒染劑，並造成金屬污染。

二‧秤重量：用天平或電子秤量秤媒染劑重量。

三‧溶解：將秤好的媒染劑倒進燒杯中，並加半杯水攪拌溶解，醋酸錫、石灰、明礬等媒染劑以冷水溶解即可，而醋酸鋁、醋酸銅、醋酸鐵則必須以溫熱水才較容易溶解，但溶解後必須快速稀釋使用，以免加熱過久後產生化學變化。

四‧稀釋：將燒杯中已溶解的媒染劑倒入水桶中，然後再以被染物重量的30倍的清水加以稀釋，此稀釋液即為調製完成的媒染液。

五‧媒染：將欲進行媒染的材料投入媒染液中，並經常以木棒翻動攪拌，務使纖維材料媒染均勻。當停止翻動時，必須將所有材料壓沒浸泡於媒染液中，每次媒染時間約為20-30分鐘，若線材粗大或布料粗厚時，也可以適當地增加媒染時間。

六・擰乾完成：當媒染完成後，雙手戴上橡膠手套，將纖維材料擰乾，然後打鬆，再進行水洗或投入染液中染色。

◎ 其他注意要項

● 染色時間

植物染色依染材種類的不同而有多種不同的染色方法，如藍靛染色、紅花染色、紫草染色、薯榔染色及一般的煮染染色等等，每種染法所需的時間各有差異，像發酵的藍靛每次浸染的時間約在5至15分鐘左右，即可取出氧化。紅

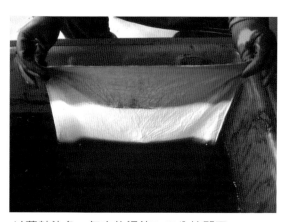

以藍靛染色，每次約浸染5-15分鐘即可。

藍靛浸染之後，必須取出氧化固色。

花、紫草、薯榔等浸出液的染色，每次浸染的時間以三十分為原則，稍稍增加或減少幾分鐘並不會造成明顯的影響。而其他煮染材料的染色時間，則每次約為染液煮沸後30至60分鐘，若煮染的時間太短，則色素不易滲入纖維內部，必影響色彩牢度，但若染色時間過長，被染物吸色早已達到上限，徒然浪費時間、燃料而已，不過被染物多數是從低溫時就放入染鍋中，等染液升至高溫往往需要相當時間，在計算浸染時間時，這段時間應該扣除，否則會影響染色效果。

● 染色溫度

染色溫度高低也會影響染色效果，像藍靛、紅花、紫草及生鮮花瓣等色素，遇到高溫就會被破壞，所以只能在中低溫染色；而鋪地黍等染黃植物，較理想的溫度也大約在60℃左右。至於其他多數染材，當染液在沸點高溫時，其色素分子會變得較活潑，這時染色效果最好。但染者在溫度升高時，必須時時翻動攪拌，否則會產生嚴重的染斑。

● 硬水、軟水與中性水

對於植物染色來說，水質的好壞也會影響染色的效果。一般的清水可以略分為軟水、硬水與半硬水，所謂的硬水就是指水中含有低百分比的鈣及鎂的碳酸鹽、碳酸氫鹽或氯化物，硬度高低即是指上述礦物質含量的多寡，像大自然中的山泉水、溪水、河水，多數都含有豐

山溪水所含的礦物質過高，並不適合於染色。

富的礦物質，所以大部分皆為硬水，硬水中的礦物質對於色素與纖維的結合會產生阻礙，所以並不適合作為天然染色用水。而蒸餾水因不含任何礦物質，所以成為標準的軟水，本來它是最好的染色用水，但是使用的成本過高，並不符合經濟原則，所以除了實驗室外，一般也沒人會以它作為染色用水。

目前的自來水雖也適當地作了水質處理，但保留了部份礦物質，所以並不是軟水，是屬於半硬水，這樣的水質雖然不是染色的最佳用水，但是當染材利用煎煮抽色的方式煮沸了染液後，事實上已更軟化了自來水的硬度，因此，站在工藝性染色來說，也大致可以產生良好的發色效果，並不會產生嚴重的阻礙發

色問題。假如是站在染整工業的立場來看，則自來水在使用之前仍然必須加以軟化處理，處理時可以使用軟水機處理，也可以添加磷酸鈉等物處理，處理後的軟水可以使染色達到最佳效果。

從水質的酸鹼度來說，PH7為中性水，少於PH7者為酸性水，數字愈小酸度愈高；大於PH7者為鹼性水，數字愈大鹼度愈高。水質的酸鹼度可以用PH試紙或PH測計快速量測出來。各地河水、井水、山泉水的酸鹼值高低會有很大的差異，這和當地的地質有密切關係。而自來水雖稱中性水，但實際上它的PH值也無法維持在標準的PH7，能夠維持在PH6.5--8間皆屬正常。所以平常所謂的中性水，事實上是可以在PH7上下有一度左右的寬容度。

當我們要用中性的清水煎煮染液前，應先量測用水的PH值，如果PH值過高（如高過8.5），我們可以在水中加入幾滴冰醋酸，來降低它的鹼度。如果PH值過低（如低於6），也可以加少許碳酸鈉或碳酸鉀加以中和，然後才用這中和過的中性水來製作染液。

● 複染

在植物染色所呈現的成品中，有時會發現色彩淡薄或色彩貧乏的現象，這大概有如下的幾種可能：一為色彩的堅牢度不好，染色後不久即明顯褪色。二為染色時染液的濃度不足。三為染色的次數太少。四為染色的時間太短，以致色素只附著在纖維表面而未深入纖維內部。除了第一項色彩的堅牢度不好是肇

因於選材的問題外，其餘三項皆導因於染色的技術缺失，這三項缺失也經常重複出現，對這種吸色不足的現象，可以經由複染的次數增加而達到較理想的色度。

複染就是重複染色的意思，《周禮‧考工記》「三入為纁，五入為緅，七入為緇。」所記載的正是藉由多次的複染，以產生不同的染色效果。明代《天工開物》對於複染的記載更多，如「木紅色，用蘇木煎水，入明礬、椺子。」、「豆綠色，黃檗水染，靛水蓋。」、「葡萄青色，入靛缸深染，蘇木水深蓋。」……等等，都是對於當時複染狀況的描述。從染料的異同來說，複染可以分為單色複染與多色套染兩種，上述《考工記》所記載的複染工序，再經過《爾雅‧釋器》及鄭玄的補充解釋，乃將七次染色中各次所呈現的色彩分別還原為：纁、赬、纁、紺、緅、玄、緇等七色，其中前三回皆為茜草的單色複染，後四回則為套色複染，兩種複染皆很重要。

（一）單色複染：如前所述，單色複染各次所染的材料都相同，也會呈現出不同的色彩韻味。由於，植物染色煮染一次的色素吸收量有限，所以自古以來在操作上經常重複做媒染→染色→媒染→染色之工序，原則上，染色次數的增加，必然會提高被染物的濃度，同時也會使色彩的堅牢度增加。不過，在分秒必爭的現代社會裡，要人們反覆染色十多回已不太可能，若能染到2-4回已經足夠了。若想要快速得到深濃的顏色，複染時可以考慮染一次對比色調，如此，必可使色彩明度、彩度急速下降，而產生濃暗的色調。

（二）多色套染：前述《考工記》所載的後四回染色及《天工開物》記述的蓋染方式都是多色套染的範例，《考工記》前三染皆呈現不同深淺的紅色調，但第四染後卻變成了青中帶紅的紺色，這當然與染料的改變有絕對的關係，原文中雖未明示改用了什麼染料，但我們從色相的轉變上可以推測應為藍靛，同時也認為藍靛的濃度不輕。五染的緅又比紺更深，可能仍是染藍，至於六染產生的玄與七染產生的緇大概都是疊染皂色（皂者黑也）的結果。從染色的經驗來看，任何顏色疊染皂色都可以使顏色

單色複染圖例：

1.為藍靛染二回　　　　2.為藍靛染四回　　　　3.為藍靛染六回

套染圖例：

1.福木葉鋁媒染

2.藍靛染

3.先染福木葉鋁媒染，再染藍靛。

變得更暗，然而，若只想讓色彩稍微增加些重量，或少量地改變色調，在套染時就必須使用低濃度的淺灰或薄薄的他色染液來套染。

在植物染料之中，可以產生紫色和綠色的染材並不多，傳統上，對於鮮綠或翠綠的顏色，更是非用黃色和藍色套染不可，明代《丹鉛總錄》說「綠者青黃之雜也」，王逵的《蠡海集》中也說「青依于黃而綠矣」，以及記述內容更多的《天工開物‧彰施篇》中，在在說明先民對於色彩的套染變化早有深刻的瞭解。

用現代的色彩理論來看，除了紅、黃、藍三原色外，其餘綠、紫、橙、褐等色調皆為間色，這些間色都可以透過原色的不同比例複染產生，而且在色相環上任何相鄰的兩色，經過套染之後也會產生兩色的中間色，染料的色彩變化和顏料的調配變化基本上是相同的。然而，顏料的調色不但可以快速見到結果，同時顏料用量與成本都極有限，所以在使用上顯得很方便。染料在調配操作上就不如顏料般的靈活，加上天然色

素又分屬於不同的種類，它們在染法上可能產生化學衝突，所以就必須多利用相容的材料特性，才能在套染時產生良好的染著效果。古人雖沒有很完整的化學知識或儀器可以測定材料的色素成份，但是他們憑藉著豐富的實作經驗，自然也因地制宜地發展出良好的經驗法則。

● 水洗

染色之後，必須對被染物進行水洗，以便將暫時附著在纖維表面的浮色清洗乾淨，才不會造成往後洗滌時產生嚴重的移染現象。水洗一般皆以大量的清水清洗，有些染料甚至必須經過十多次換

染後要用清水徹底清洗乾淨

染布水洗後吊掛在屋簷下晾乾

水才能沖洗乾淨。為了快速清除纖維上的浮色,清洗時可以先使用中性洗滌劑洗過一回,再用清水沖洗三、四回,就可以減少清洗的時間。不過所使用的洗滌劑必須妥為選擇,一定要選用中性洗滌劑才可以,至於一般的洗衣粉、無磷洗衣粉多為鹼性,並不適合染後水洗,尤其是漂白水,更應禁止使用。如果使用了酸鹼度不當的洗滌劑,很可能會產生被染物改變色調的現象,那是因為酸與鹼都帶有發色功能,它們會影響到色素、媒染劑與纖維間的結合關係。

除此而外,平常清洗衣物、布料、紗線時也要注意洗滌劑與纖維材質之間的關係,天然纖維可略分為植物性纖維與動物性纖維兩大類,棉、麻材料屬於植物性纖維,它的主要成份為纖維素,纖維素親鹼而忌酸,酸殘留會造成纖維泛黃並劣化,所以洗滌劑必須選用弱鹼性或中性才恰當。而蠶絲、羊毛皆為動物性纖維,它的主要成份是蛋白質,蛋白質親酸而忌鹼,在鹼性液中蛋白質會溶解,同時纖維質感也會變得粗硬,所以洗滌劑必須選用弱酸性或中性才不會傷及纖維。總之,不管從發色關係或材質關係來看,清洗任何纖維材料後,都必須以大量中性清水沖洗,才不會造成不當的殘留。

● 晾乾、整理與收藏

經染色、水洗之後的被染物可以用脫水機脫水1--2分鐘,取出後用手拉襯抹平,然後用竹竿或衣夾吊掛在通風良好而不受日光直射的地方晾乾。晾乾之後再適當地加以整理,被染物如為紗線材

料，則可經捲繞成筒狀後便於收藏，被染物如為布料或衣物，則應先以熨斗燙平後再行收藏，長條匹料最好能捲在圓紙筒上，才可以避免產生摺痕，收藏的容器必須適當阻擋光源，我們可以選擇紙箱、木箱或一般衣櫃，但最好避免使用塑膠袋包裹，以免因塑膠袋密不透氣而在袋上凝結了水氣，如同對待衣櫃裡的衣物一般，纖維材料也應該適當地保留透氣性才好，在天氣晴朗的時候，可以將衣櫃、紙箱打開，使乾燥的空氣流通進入布料衣物之中，這才可以避免纖維因具吸濕特性而在不知不覺中受潮。

◎日晒與水洗堅牢度的測試與標示 （★★★★★）

任何紡織品，都可能由於水洗、乾洗、摩擦、曝曬、接觸汗水而褪色，特別是天然染色的布料，不同染材、不同媒染劑會有不一樣的堅牢度。為了提供日後國人以植物染色來製作服飾工藝品或實驗創作時，有基本的資訊可以了解各種染材與媒染劑呈現色彩的實用性，故在我們染完試片之後，文化中心另以專案委請染色化學專家中屠光教授進行耐日晒及耐水洗堅牢度與移染測試，同時並做了CIE之L*a*b*及K/S值測試。經他測試之後，申屠教授也作了如下的評論：

一·在一千五百餘片的試布中，有許多令人欣慰與讚嘆的成果，其耐日光色牢度與耐水洗色牢度甚為優異，足供服飾織品使用。

二·在各類不同的媒染劑配方中，成功

地測試顯示其優異的染色配方，可作為植物染色作業重要之參考資料。

三·對各類不同的植物染料與不同的媒染染程下之試布，所測試出其移染至不同織品材料之結果，可提供設計者參考，可避免將易於移染之織品材料應用在同一件服飾中，以免造成嚴重之後果。

四·對各試片測試出其CIE之L*a*b*及K／S值，提供色彩辨認與分析、設計之用。

五·整理製作完成所有測試樣布之耐日光色牢度、耐水洗色牢度及對各類不同纖維材料移染色情形之測試後樣本，並詳細記錄其測試結果於卡片中，除可供比對並可提供日後參酌與查考之用。

本書各染材所染試片旁皆標示著日晒堅牢度與水洗堅牢度之星號標記，這些星號乃依據申屠教授測試報告轉化而來，星號從一顆星到五顆星共分五級，星號愈多，表示染色堅牢度愈好。堅牢度好的原則是染布經日晒或水洗試驗之後，其顏色與原布愈接近愈好，所以不論變淺、變深或變色調都屬於不好的範疇。其中有部份數據可能和我們過去使用的經驗或日本植物染書籍標示有些出入。或許這和測試過程、方法的不同及水洗時所添加的洗滌劑不同有關，此外，染材的產地、採集季節，染色的酸鹼度、溫度、時間、媒染劑等變數，也可能是影響數值的因素，謹在此附加說明。

・凡染大抵以草木而成，有以花葉，有以莖實，有以根皮，出有
　方土，采以時月。
　　　　　　　　　　　　　　　　　　　　　　　　—《唐六典》

・豆綠色：黃蘗水染，靛水蓋，今用小葉莧藍煎水蓋者，名草豆
　綠，色甚鮮。油綠色：槐花薄染，青礬蓋。
　　　　　　　　　　　　　　　　　　　　　　　　—《天工開物》

・檳榔樹高十餘丈，皮似青桐，節如桂竹，下本不大，上枝不
　小，調直亭亭，千萬若一，森秀無柯，端頂有葉，葉似甘蕉，
　條派開破，仰望眇眇，如插叢蕉於竹稍，風至獨動，似舉羽扇
　之掃天。
　　　　　　　　　　　　　　　　　　　　　　　　—《南方草木狀》

・荷葉染布為褐色，布作荷香。　　　　　　　　　　—《物理小識》

第四章
染材
與試樣

【荷】

學　　名：	*Nelumbo nucifera* Gaertn
科 屬 名：	睡蓮科蓮屬
別　　名：	蓮、蓮花、芙蕖、芙蓉、水芙蓉、水芝、水華、菡萏

本土分布：全台各地皆有零星栽培，而白河、水上、六甲、觀音等鄉鎮經濟性栽培較多。

世界分布：中南半島原產，亞洲、澳洲等地皆有分布。

用　　途：藥用、食用、庭園池塘造景、觀賞、插花

染色取材：蓮蓬、蓮子殼、荷葉

植物生態：

　　荷花又稱蓮花，為多年水生草本植物，根莖為米色，多節，形狀介於圓柱至方柱形之間，各節外觀近紡錘形，可食，地下莖橫生於水底爛泥中，葉從地下莖節上長出來，葉柄甚長，管狀柱形，柄上有細刺。葉大呈扁圓形或盾形，先端微微凸出，外緣略下垂而呈波浪狀，俗稱荷葉邊，中央較低窪，清晨或雨後常見水珠滾動，葉片為綠色帶粉青，直徑約三十多公分到五十多公分間，葉脈為放射狀，條紋分明。夏天，花梗伸出水面，高度與葉片相當，花梗之粗細及形態亦與葉柄相仿。花梗先端開紅、白或粉紅色花朵，花萼 4 至 5 片，花瓣數多，倒卵形，瓣上有多條縱紋。雌蕊與花托居中，呈蓮蓬頭狀，瓣落之後，逐漸增大，內為海綿狀，外形如蜂窩，蓮蓬內藏有多粒蓮子，蓮子橢圓形，果皮堅硬，顏色暗黑，去殼之後的蓮子呈米色，煮後質綿味美。

荷葉、蓮蓬、蓮子殼皆為良好染材　　　　曝曬中的蓮蓬

荷葉、蓮蓬、蓮子殼皆為良好染材　　　　曝曬中的蓮蓬

文獻集解：

荷是國人普遍喜愛的植物，喜愛之情，古今皆然。《詩經》中有「彼澤之陂，有蒲與荷，……彼澤之陂，有蒲菡萏……」及「山有扶蘇，隰有荷華。」之句，「菡萏」、「荷華」皆指荷花，這說明早在三千年前，荷即已和先民的生活產生了極密切的互動。其後歷代詩人文士，也屢屢對荷歌詠讚頌，最著名的是周敦頤的「愛蓮說」，文中以「出淤泥而不染，濯清漣而不夭。」的對比性描述，使得荷花在國人心目中產生了高雅聖潔的形象。

明代《本草綱目》對荷的記述頗為詳盡，「其根藕，其實蓮，其莖葉荷，……藕生水中，其葉名荷，按爾雅云：荷芙蕖，其莖茄，其葉蕸，其本蔤，其華菡萏，其實蓮，其根藕，其中的，的中薏。……」已將荷全身各部份器官都賦予特定名稱。同時對於荷的生態也有深刻的記述「……以蓮子種者生遲，藕芽種者最易發，其芽穿泥成白蒻，即蔤也，長者至丈餘，五六月嫩時沒水取之，可做蔬茹，俗呼藕絲菜。節生二莖，一為藕荷，其葉貼水，其下旁行生藕也。一為芰荷，其葉出水，其旁莖生花也，其葉清明後生。六七月開花，花有紅、白、粉紅三色，花心有黃鬚蕊，長寸餘，鬚內即蓮也，花褪蓮房成菂，菂在房如蜂子在窠之狀，六七月採嫩者，生食肥美，至秋房枯子黑，其堅如石，謂之石蓮子。八九月收之，斫去黑殼，貨之四方，謂之蓮肉，冬月至春，掘藕食之，藕白，有孔有絲……。」自古以來除了畜養眾生的五穀桑麻之外，少有植物能像荷般地受先民所重視。

荷花於夏季盛開

染色記事：

　明代《天工開物》中對茶褐色的染色方法，即是以「蓮子殼煎水染，復用青礬水蓋。」對藕褐色的染色方法為「蘇木水薄染，入蓮子殼、青礬水薄蓋。」可見蓮子殼是早已被廣泛使用的染色材料。除此而外，蓮蓬和荷葉，也都是良好的染色材料。清代《物理小識》記有「荷葉煮布為褐色，布作荷香。」亦為古人使用明證，只是化學染料興起之後，懂得用荷葉染色的人已少之又少了。

具體操作方法如下：

1. 將生鮮的荷葉或蓮蓬切成細段（如乾蓮蓬，可以用石臼搗破，而剖開的蓮子殼可以不必再處理），然後加入適量的清水，置於不鏽鋼鍋中升火煎煮以萃取色素，每次萃取時間以水沸後熬煮三十分鐘為度，連續萃取二次染液。

2. 將各次萃取的染液經細紗網過濾後，調和在一起作染浴。

3. 被染物先浸泡過清水，擰乾、打鬆後投入染鍋中升溫染色，煮染時間為水沸後半小時。

4. 取出被染物，擰乾後進行媒染半小時。

5. 經媒染後的被染物再放回原染浴中染色半小時。

6. 煮染之後放冷以增加吸色時間，然後取出水洗、晾乾。

7. 注意事項：

　　a. 荷葉、蓮蓬、蓮子殼之萃取以二次為宜，第三次以後色素極淡。

　　b. 染材煮後，液面會浮現一層薄薄的蠟質，染色前可用乾淨的抹布拭去。

　　c. 生採的荷葉應在兩天之內進行抽色，否則葉子容易腐敗變黑，可能會影響染色效果。

　　d. 荷葉、蓮蓬、蓮子殼三者的染色效果很接近，可以選擇其中較方便取得的材料運用即可。

8. 無媒染和鋁、錫媒染皆呈淺褐色，石灰媒染顏色稍偏紅味，呈色也稍濃些，銅媒染則呈深茶褐，而鐵媒染則呈焦褐色。大致來說，蠶絲的呈色較明亮，而棉的呈色較濃濁。

蓮蓬煮染前先以杵臼搗破

曬乾的蓮子殼亦可儲存備用

染材名稱：蓮蓬（晒乾）	採集季節：八月	染材用量：50％

染色布樣：蠶絲　　　　　　　　　　　　　　　　　染色布樣：棉布

無媒染

日晒堅牢度
★★★★★

水洗堅牢度
★★

無媒染

日晒堅牢度
★★★★★

水洗堅牢度
★★★

石灰

日晒堅牢度
★★★

水洗堅牢度
★★★

石灰

日晒堅牢度
★★★★★

水洗堅牢度
★★★

醋酸鋁

日晒堅牢度
★★★★

水洗堅牢度
★★

醋酸鋁

日晒堅牢度
★★★★★

水洗堅牢度
★★★

醋酸錫

日晒堅牢度
★★★★

水洗堅牢度
★★

醋酸錫

日晒堅牢度
★★★★★

水洗堅牢度
★★★

醋酸銅

日晒堅牢度
★★★★

水洗堅牢度
★★★

醋酸銅

日晒堅牢度
★★★★★

水洗堅牢度
★★★★

醋酸鐵

日晒堅牢度
★★★★★

水洗堅牢度
★★★

醋酸鐵

日晒堅牢度
★★★★

水洗堅牢度
★★★

大地之華

染材名稱：蓮子殼	採集季節：七月	染材用量：200％

染色布樣：蠶絲　　　　　　　　　　　　　　染色布樣：棉布

無媒染

日晒堅牢度
★★★★★
水洗堅牢度
★★

無媒染

日晒堅牢度
★★★★
水洗堅牢度
★★★

石灰

日晒堅牢度
★★★★
水洗堅牢度
★★

石灰

日晒堅牢度
★★★★★
水洗堅牢度
★★★

醋酸鋁

日晒堅牢度
★★★★
水洗堅牢度
★★

醋酸鋁

日晒堅牢度
★★★★
水洗堅牢度
★★★

醋酸錫

日晒堅牢度
★★★★★
水洗堅牢度
★★

醋酸錫

日晒堅牢度
★★★★
水洗堅牢度
★★★

醋酸銅

日晒堅牢度
★★★★★
水洗堅牢度
★★

醋酸銅

日晒堅牢度
★★★★★
水洗堅牢度
★★★

醋酸鐵

日晒堅牢度
★★★★
水洗堅牢度
★★

醋酸鐵

日晒堅牢度
★★★★
水洗堅牢度
★★★

染材名稱：荷葉	採集季節：七月	染材用量：300％

染色布樣：蠶絲

無媒染

日晒堅牢度
★★★★
水洗堅牢度
★★★★

石灰

日晒堅牢度
★★★★
水洗堅牢度
★★

醋酸鋁

日晒堅牢度
★★★★
水洗堅牢度
★★★★

醋酸錫

日晒堅牢度
★★★★★
水洗堅牢度
★★★★

醋酸銅

日晒堅牢度
★★★★★
水洗堅牢度
★★

醋酸鐵

日晒堅牢度
★★★★★
水洗堅牢度
★★★★

染色布樣：棉布

無媒染

日晒堅牢度
★★★★
水洗堅牢度
★★★

石灰

日晒堅牢度
★★★
水洗堅牢度
★★★

醋酸鋁

日晒堅牢度
★★★★★
水洗堅牢度
★★★★★

醋酸錫

日晒堅牢度
★★★★
水洗堅牢度
★★★★★

醋酸銅

日晒堅牢度
★★★★
水洗堅牢度
★★★★

醋酸鐵

日晒堅牢度
★★★★
水洗堅牢度
★★★★

【福木】

學　　名：*Garcinia subelliptica* Merr.
科 屬 名：藤黃科藤黃屬
別　　名：福樹、菲島福木

本土分布：蘭嶼、綠島原產，台灣各地城市陸續栽培不少。
世界分布：印度、斯里蘭卡、菲律賓、琉球、台灣等地
用　　途：防風樹、行道樹或造園樹、樹脂供藥用、枝幹和樹皮及葉皆可染色
染色取材：枝葉、樹幹、樹皮

植物生態：

　　福木為熱帶或亞熱帶所產的常綠喬木，枝葉茂密，樹冠呈尖塔狀或橢圓狀，老樹高可達十多公尺，台灣本島所見者多在十公尺以內。樹皮厚而呈灰褐色，老幹皮則可明顯見到灰白斑紋。枝幹莖葉受傷時皆會流出白色乳汁。葉對生，具柄，厚革質，有光澤，長橢圓形或卵形，長約 5 至 15 公分，寬約 5 至 8 公分，嫩葉黃綠，成葉轉深綠，葉面顏色較深，葉背偏黃綠。花單性，雌雄異株，花色乳黃，花萼與花瓣各四枚。核果球形，直徑 2 至 3 公分，初為綠色，成熟時轉為黃橙，內含種子 3 至 4 粒。全株枝葉、樹皮皆可用來染色。

福木開花

福木果初為綠色，熟時轉橙色

福木樹皮具斑紋，它是琉球最具代表性的黃色植物染料

文獻集解：

　　福木為亞熱帶至熱帶地方的植物，蘭嶼、綠島皆為原產地，台灣也是很適合生長的地方。在印度、斯里蘭卡、琉球等地，福木皆為優良的傳統黃色染料，但是與琉球近在咫尺的台灣卻不曾見到早期先民用以染色的記錄，只有在民國七十八年版的《台中縣志》才提到福木可以染色。即使中國大陸方面，早期文獻似乎也沒有相關記載。

　　福木是琉球的代表性染料，在日本政府指定為無形文化財的多種傳統染織工藝項目中，多數都有應用福木染色的情形，像琉球紅型、首里織、琉球絣、久米島紬、讀谷山花織、喜如嘉芭蕉布等等，其黃色與黃橙色多數都以福木染成。沖繩縣工藝指導所染織課長伊元幸春女士在雜誌連載的《沖繩植物染料》一文中對福木有如下的記載：「在海岸、房屋周圍種植福木做為防潮防風林，該樹為常綠的中喬木，成長到5-7公尺，根、樹幹粗大，樹皮厚，花黃白色，1.5公分大，核果呈扁球形，橙黃色，雌雄異株植物，葉對生，厚革質，卵狀橢圓形，染料使用其樹皮，紅型的染色，琉球絣或首里織的黃色染皆使用它。縣內各地皆有分布。」可見至今它的使用仍很普遍。

染色記事：

　　福木是一種色素多，染色堅牢度也很好的黃色染料，在琉球主要是以樹皮來萃取染料，但台灣本島福木的產量並不算很多，而且多數為觀賞性園藝樹木，若要採割樹皮染色必有現實的困難，因此，我們就試著以修剪下來的枝葉試染，得到的染色效果依然很理想，所以也希望今後大家多栽種福木，並且用修剪的枝葉來染色。其染色方法如下：

1.採集生鮮的枝葉，並以菜刀切成細段，加入適量的清水及水量0.1%的碳酸鉀，於不鏽鋼鍋中煎煮萃取色素，萃取時間為水沸後半小時至四十分，可萃取三至四回。

2.萃取後的染液用細網過濾後，然後調和在一起作染浴，並加入少許冰醋酸，使染液呈中性浴。

3.被染物先浸泡清水，擰乾、打鬆後投入染浴中升溫染色，升溫的速度不宜過快，煮染的時間約為染液煮沸後半小時。

4.取出被染物，擰乾後進行媒染半小時。

5.經媒染後的被染物再入原染浴中染色半小時。

6.煮染之後，被染物可浸放在染鍋中待冷，再取出水洗、晾乾。

7.注意事項：

　　a.煎煮福木時，會產生一種嗆鼻的味道，所以必須選擇通風良好的工作環境來操作煮染。

　　b.福木染色，幾乎全株可用，染材並可曬乾儲存備用，乾燥後並不會改變色調。

8.無媒染與石灰媒染呈稍淡之黃色，鋁媒染為彩度極高之黃色，錫媒染呈檸檬黃，銅媒染呈稍鈍之橙黃色，鐵媒染則呈帶橄欖味的黃褐色。

福木枝葉亦可染出鮮麗的黃色

染材名稱：福木枝葉	採集季節：九月	染材用量：500％

◎第四章　染材與試樣—福木

染色布樣：蠶絲　　　　　　　　　　　　　染色布樣：棉布

無媒染

日晒堅牢度
★★★★★
水洗堅牢度
★★

無媒染

日晒堅牢度
★★★★
水洗堅牢度
★★★★

石灰

日晒堅牢度
★★★★★
水洗堅牢度
★★

石灰

日晒堅牢度
★★★★
水洗堅牢度
★★★★

醋酸鋁

日晒堅牢度
★★★★★
水洗堅牢度
★★★★

醋酸鋁

日晒堅牢度
★★★★
水洗堅牢度
★★★★

醋酸錫

日晒堅牢度
★★★★★
水洗堅牢度
★★★

醋酸錫

日晒堅牢度
★★★★
水洗堅牢度
★★★

醋酸銅

日晒堅牢度
★★★★★
水洗堅牢度
★★★★

醋酸銅

日晒堅牢度
★★★★
水洗堅牢度
★★★★

醋酸鐵

日晒堅牢度
★★★★
水洗堅牢度
★★★

醋酸鐵

日晒堅牢度
★★★★★
水洗堅牢度
★★★★

【 薯榔 】

學　　名：*Dioscorea matsudai* Hayata
科 屬 名：薯蕷科薯蕷屬
別　　名：藷榔、薯莨、赭魁、儲糧、餘糧、裏白
　　　　　薯榔、朱砂蓮、紅薯莨、紅孫兒、紅
　　　　　藥子

本土分布：台灣全境低海拔山區、山麓、荒野或疏林內。
世界分布：中國南方、越南、馬來半島、東印度群島、琉球等地
用　　途：染色、藥用
染色取材：塊莖
植物生態：

　　薯榔為多年生宿根性纏繞藤本植物，全株光
滑無毛，莖桿圓柱形，其質甚堅韌，基部長有堅
硬的棘刺，上部多分枝，蔓延甚長，常攀附在喬
木或灌木叢中。葉互生或對生，革質，長橢圓形
至長披針形，基部心形或鈍形，全緣，正面綠色
，背面粉綠，皆光滑，葉長 4 至 10 公分，寬 2
至 5 公分。花單性，數多形小，雄花序圓錐狀
，雌花序穗狀，腋生，蒴果三翅狀，徑約 2.5
至 3 公分，種子扁平而藏在翅內，春夏開花，
夏秋結果。塊莖肥大，長者數節，多鬚根，表面
粗糙且常有疣狀突起，其肉質呈棕紅或紫紅。多
年生塊莖基部常裸出地面，量多者可挖出二、三
十斤以上，為優良的紅褐色染材。

薯榔的蒴果呈三翅狀

文獻集解：

薯榔生長在氣候溫熱的南方，自古即為南方重要的染料，宋代沈括在《夢溪筆談》中說「……赭魁今南中極多，膚黑飢赤，似何首烏，切破中有赤理，如檳榔，有汁赤如赭，彼人以染皮製靴，閩人謂之餘糧。」李時珍在《本草綱目》中說「其根如魁，有汁如赭，故名。」清代方以智在《物理小識》中說「此物名儲糧，藤似山藥，結實如小瓜，以之染葛作汗衫，則不近膚而爽。」上述之赭魁、餘糧、儲糧皆為薯榔別名。

而台灣早期文獻也多所記載：清康熙時所撰《台灣縣志‧卷一》「貨之屬」項下有「薯榔皮，實如芋大，皮黑肉紅，用以染布，利水堅緻。」、《台灣府葛瑪蘭廳志‧物產》「貨幣之屬」項下有「薯榔，皮黑裡紅，染皂用之。」、《台灣通史‧卷二十八虞衡志》有「諸榔，產於內山，根如諸，色赭染布。」同書「卷二十三風俗志‧衣服」項下又有「……沿海漁戶悉以薯榔染衣，其色為赭，渝水不垢。」近年重修的志書記載更多，如民國六十年修的《台灣省通志‧經濟志農業篇》即有「薯榔，屬薯蕷科，多年生，具有地下塊莖之草本植物。本省最遲在清代即有栽培。薯榔有二種，一為薯榔，在省內山野間自生，未聞有人工栽培；一為廣東薯榔，原產於粵桂北部及越南一帶。兩者皆為含有單寧的染料作物，其塊莖之單寧含量，前者較少僅百分之4.2至4.8，而後者則較多，可達百分之3至10.6。廣東薯榔之栽培皆用塊莖繁殖，三、四月間為種植適期，塊莖以稍粗大約在100至150公分（克）重者較好，種植之距離以90 x 60至90者為宜，每公頃約一萬兩千至一萬八千株。……植後滿四年後每公頃收量可達六萬至七萬公斤。薯榔塊莖含有單寧，常用作魚網、網繩、帆布及一般織物之染料。又國內及省內夏布用絹布之漆料皆用此製成。」另外，《台北縣志‧卷十八農業志》、《台中縣志》中也有類似的內容。

薯榔含有豐富的單寧酸與膠質，染後的顏色多呈赭紅色與漆黑色，過去閩粵生產的香雲紗（又稱莨紗）與拷綢（又稱莨綢或黑膠綢）即是以薯榔汁液塗染，再以含鐵質的烏泥媒染處理單面，使絲綢品呈現一面赭紅、一面漆黑的高級夏季絲織品。五、六十年前，台灣較富裕的家庭中，男女主人多少都會有幾件「黑綢」衣服，作為過年過節或走訪親戚的禮服，「黑綢」即為上述之香雲紗或黑膠綢。

除漢民族大量使用之外，台灣本島各族原住民也多以薯榔染苧麻紗線，染成的紗線多呈紅褐色，然後再和青、黃、黑等色線交織成各式各樣的服飾，傳統原住民服飾色彩的華麗斑爛，多與薯榔染色後色質的優美息息相關。少數原住民部落中的織布能手，至今仍然還使用薯榔在染色。

過去薯榔除了用來染衣服及紗線外，也大量地用來染棉麻編製的魚網，這主要是因薯榔富含單寧酸及膠質，染色之後能加強纖維韌性，並防止海水腐蝕魚網纖維之故。另外，先民也以薯榔鞣製皮革，據說也曾有不小的產量。

染色記事之一：

　　薯榔的染色可以分為生染法及煮染法兩種，生染法為傳統染法，昔日染香雲紗、染魚網、染原住民紗線，皆以生染法為主。它的染色過程大約如下：

薯榔生染時，須先將其塊莖搗碎

1. 將薯榔塊莖洗淨，然後用菜刀切成薄片狀或以刨絲板刨成條絲狀。

2. 將切刨過的薯榔絲片放進木臼或石臼中，然後以木杵搗碎成泥，如無杵臼，也可以使用榨汁機榨出汁液。

3. 若欲染棉麻紗線或魚網時，可將被染物放進臼中，然後以木杵輕輕敲擊，使染汁滲入纖維之中。若被染物為布塊時，則先將搗碎的薯榔泥用紗布絞出汁液，再將布塊平攤而塗上汁液，塗後曬乾，乾後再塗，塗刷的次數愈多，則所染的顏色愈深。若薯榔汁液量多，亦可將布片放入浸染。

4. 如果喜愛上述所染的黃棕色的話，只要將被染物確實日晒一段時間，然後再行水洗，洗後晾乾而成。如果想染得深濃的暗紅，也可以將被染物進行石灰或銅媒染。若是想得到如香雲紗般的黑色時，則必須將被染物反覆浸染薯榔汁液，並進行過烏處理。

5. 過烏是用含有鐵鹽的烏泥漿塗佈在織物表面，使得泥中的鐵鹽與單寧酸產生媒染變化，從而將被染物染成漆黑色。

6. 洗去布上泥漿，然後將布塊晾乾而成。若要染得更深濃的顏色，可以重複浸染、塗染與過烏流程。因薯榔富含膠質，故生染後染布皆變得硬挺。

薯榔莖葉似菝葜，但葉形稍小些

薯榔莖葉皆蔓延至灌木或喬木上

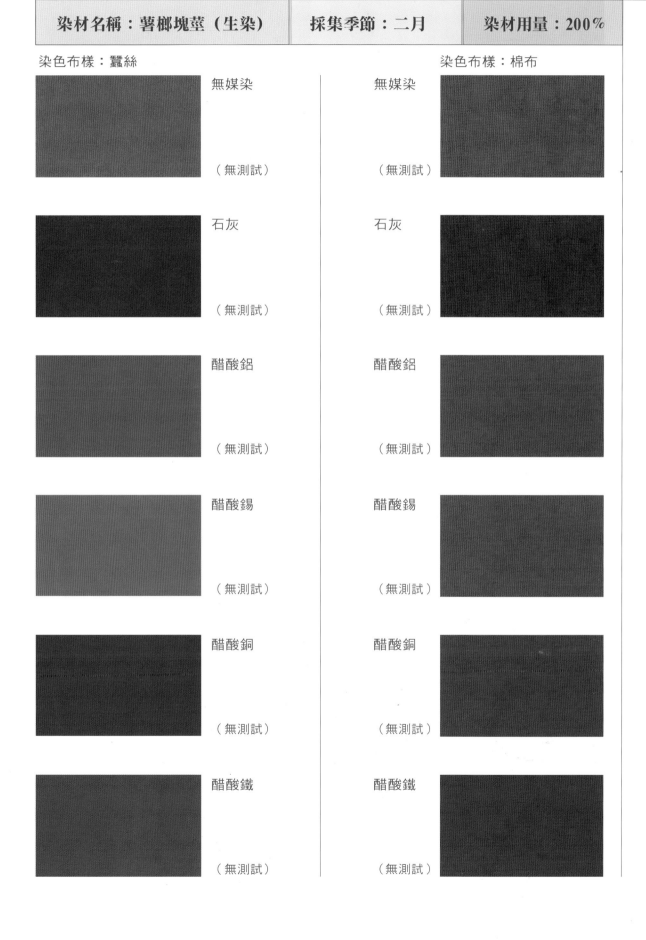

染材名稱：薯榔塊莖（生染）	採集季節：二月	染材用量：200％

染色布樣：蠶絲　　　　　　　　　　　　　　　　染色布樣：棉布

無媒染	無媒染
（無測試）	（無測試）
石灰	石灰
（無測試）	（無測試）
醋酸鋁	醋酸鋁
（無測試）	（無測試）
醋酸錫	醋酸錫
（無測試）	（無測試）
醋酸銅	醋酸銅
（無測試）	（無測試）
醋酸鐵	醋酸鐵
（無測試）	（無測試）

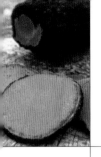

染色記事之二：

　　用煮染法來處理薯榔的染色，事實上也有一些方便性，一來由於染液份量的增多，可以使染色過程進行得舒展而順暢，並且染色的速度也可以加快。二來因染液中加入大量清水溶解，可以使得薯榔膠質得到稀釋，染後布塊不會顯得粗硬。當然，煮染也有一些限制，那就是它的鐵媒染難以獲得如生染法般地烏亮漆黑。薯榔煮染的操作方法如下：

1.將洗淨的薯榔塊根切成薄片或以刨絲板刨成細絲，然後加入適量清水，並升火煎煮以萃取色素，每次萃取時間約為水沸後四十分至一小時，總共約可萃取三至四回。

2.將各次萃取後的染液經細網過濾後，調和在一起作染浴。

3.被染物先浸泡清水，擰乾、打鬆後投入染浴中升溫染色，升溫的速度不宜過快，煮染的時間約為染液煮沸後半小時。

4.取出被染物，擰乾後進行媒染半小時。

5.經媒染後的被染物再入原染浴中染色半小時。

6.煮染之後，被染物立即取出水洗、晾乾，不要存放在染鍋中待冷，以免因局部氧化而產生染斑。

7.注意事項：

　　a.含單寧染材在高溫的情況下極易氧化，為了避免產生染斑，在染色的所有過程中都要經常攪拌翻動。

　　b.為了降低染斑產生的可能，被染物在提出染液之後，應立即投入清水中洗淨浮色，並均勻地張開進行空氣氧化。

8.無媒染及鋁、錫媒染皆呈黃褐色（晒柿色），石灰媒染產生紅味及濃度加強的紅褐色，銅媒染的顏色最深，呈暗紅褐色，鐵媒染則呈帶灰的黃褐。當然，薯榔的品種也會影響呈色的走向，有的薯榔肉色偏柿黃，有的偏豬肝紅。

剛挖出的薯榔塊莖

薯榔煎汁前，先以菜刀切成薄片或刨成絲狀

染材名稱：薯榔塊莖（煮染）	採集季節：八月	染材用量：200％

染色布樣：蠶絲　　　　　　　　　　　　　　　　　　　　染色布樣：棉布

無媒染

日晒堅牢度
★★★

水洗堅牢度
★★

無媒染

日晒堅牢度
★★★★

水洗堅牢度
★★

石灰

日晒堅牢度
★★★★

水洗堅牢度
★★

石灰

日晒堅牢度
★★★

水洗堅牢度
★★★

醋酸鋁

日晒堅牢度
★★★

水洗堅牢度
★★★

醋酸鋁

日晒堅牢度
★★★★★

水洗堅牢度
★★★★

醋酸錫

日晒堅牢度
★★★

水洗堅牢度
★★★

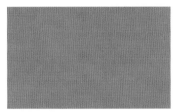

醋酸錫

日晒堅牢度
★★★★

水洗堅牢度
★★★★

醋酸銅

日晒堅牢度
★★★★★

水洗堅牢度
★★★

醋酸銅

日晒堅牢度
★★★★

水洗堅牢度
★★★★

醋酸鐵

日晒堅牢度
★★★

水洗堅牢度
★★★

醋酸鐵

日晒堅牢度
★★★★

水洗堅牢度
★★★

【相思樹】

學　　名： *Acacia confusa* Merrili
科屬名： 含羞草科相思樹屬
別　　名： 相思仔、香絲樹、台灣相思、洋桂花

本土分布： 台灣全境低海拔山野、山麓、乾河床遍地繁生，族群龐大。
世界分布： 原產於台灣恆春半島，除全台量多之外，菲律賓、中國南部、日本琉球及印尼亦有之。
用　　途： 庭園樹、行道樹、防風樹、造林樹、枕木、坑木、炭薪、農具、藥用
染色取材： 樹皮、心材、枝葉

植物生態：

　　相思樹原產地為台灣及菲律賓北部，為常綠大喬木，一般高約 10 至 15 公尺，最高可達 20 多公尺，樹皮灰褐色，幼時平滑，愈老愈粗糙，皮內呈粉紅色，外皮為縱向細縫裂紋，幼樹才可見真葉，為二回羽狀複葉，及長，真葉消失，代之者為假複葉，假葉互生，呈鐮刀形，長 8 至 10 公分，全緣，革質，光滑。春至夏季間開花，花腋生，金黃色，萼鐘形，花瓣 4 枚，雄蕊多數，伸出花外。莢果扁平而薄，內藏 5 - 8 粒種子，熟後呈黑褐色。

文獻集解：

相思樹又名Taiwan Acacia，為台灣重要的原生植物，也是台灣的代表性植物之一，近幾年，我們陸續有一些機會在國內推展植物染色，不論參與的對象是中小學教師，還是民間婦女團體，或是一般社會大眾，他們都對植物染色產生莫大的興趣，每次我們推介身旁到處可見的相思樹時，大家的眼睛都會為之一亮，有的會半信半疑的說：「它真的很好嗎？」有的像他鄉遇故人般興奮的說：「這我很熟呀！我家後面到處都是。……」但是國人懂得拿它當染料的人，想必不會比日本人來的多。

相思樹假葉呈鐮刀形

連雅堂撰之《台灣通史‧卷二十八虞衡志》中對相思樹之記載為「相思樹，葉如楊，木堅，花黃，結實若紅豆，左思吳都賦載之，台灣最多，近山皆種之，用以燒炭。」當時並無用以染色之說明。

四月間相思樹的黃花開滿枝頭

然而，日本植物染色專家山崎青樹在他的《續‧草木染染料植物圖鑑》一書裡，有引自日本《染料植物譜》書中的一段，用以說明台灣過去使用相思樹染色的情況，──「樹皮含單寧，恆春及台北廳淡水地方的漁民以此染衣服。在『時局和森林』中記載著台中地方以相思樹皮染魚網。財團法人台灣發明協會用相思樹心材可以製造染料，所以在大正8年12月2日得到第35,439號專利，此外，還有33,821號及第36,159號為其他植物染料與相思樹共同混合得到染料的專利。」同書另一段記載「在台灣，樹皮與幹材皆用以染色，枝葉也可充分利用，採集季節的不同會有色彩差異，七月至次年三月間染色較好。」另外，中興大學出版的《台灣樹木誌》中也有如下的記載「相思樹……原產恆春半島，為良好薪炭材。樹皮含多量單寧，為台灣主要造林樹種之一。」而《原色台灣藥用植物圖鑑》中也有「樹皮含鞣酸。樹皮治跌打傷。嫩枝葉有行血、散瘀之效。治跌打新傷，跌打吐血，毒蛇咬傷。」等記載。

染色記事：

　　本書完稿之際，遇見表嫂林李茂良女士，談起我們近年研究天然染色之事，卻在無意間勾起她的童年回憶，表嫂娘家在淡水山邊的中寮里，台灣光復時她已七、八歲了，從她懂事以來，一直到光復後一段時間裡，中寮里的村民仍常熬煮相思樹皮染麵粉袋製的衣服，她清楚的記得那色澤為帶紅的咖啡色。這不但印證了「時局和森林」文中的說法，同時也和我們試染的結果完全一致，可說是一段仍然清晰而鮮活的寶貴生活經驗。

　　相思樹的樹皮、心材、枝葉皆可染色，根據我們的試驗，相思樹在三、四月開花以後至夏季色素較少，而在冬季至次年早春間色素最多，這可能和植物開花時大量釋放養分有直接的關聯吧！若採集樹皮時，一定要記得局部縱向直剝，如用幹材則以心材為佳，若欲取枝葉，則可用高枝剪修剪。具體染法如下：

1.將採集的染材以刀具切成細片或細段，然後加入適量的清水升火煎煮以萃取色素，枝葉的萃取時間約為水沸後半小時，共萃取兩回。而樹皮與幹材的萃取時間約為水沸後一小時，可萃取三至四回。

2.將各次萃取後的染液經細網過濾後，調和在一起作染浴。

3.被染物先浸泡清水，擰乾、打鬆後投入染浴中升溫染色，染色時升溫的速度不宜過快，煮染的時間約為染液煮沸後半小時。

4.取出被染物，擰乾後進行媒染半小時。

5.經媒染後的被染物再入原染浴中染色半小時。

6.煮染之後，被染物立即取出水洗、晾乾，不要存放在染鍋中待冷，以免因氧化不勻而致色花。

7.注意事項：含多量單寧酸之染材在染色時容易產生染斑，故應時時攪拌，以免色花。

8.無媒染及鋁、錫媒染皆呈中明度的黃褐色，以石灰和銅媒染呈暗紅褐色，以鐵媒染則呈灰濁的黃褐色。如以枝葉染色，呈色皆偏向黃調，若以心材染色，則所有試片皆偏向紅調。

剝取相思樹皮應以細條縱剝為宜

染材名稱：相思樹樹皮	採集季節：八月	染材用量：500％

染色布樣：蠶絲

染色布樣：棉布

無媒染

日晒堅牢度
★★★★

水洗堅牢度
★★

無媒染

日晒堅牢度
★★

水洗堅牢度
★★★

石灰

日晒堅牢度
★★★

水洗堅牢度
★

石灰

日晒堅牢度
★★★★

水洗堅牢度
★★★

醋酸鋁

日晒堅牢度
★★★★

水洗堅牢度
★★

醋酸鋁

日晒堅牢度
★★★

水洗堅牢度
★★★★

醋酸錫

日晒堅牢度
★★★

水洗堅牢度
★★★★

醋酸錫

日晒堅牢度
★★★

水洗堅牢度
★★★★

醋酸銅

日晒堅牢度
★★★★★

水洗堅牢度
★★★★

醋酸銅

日晒堅牢度
★★★★

水洗堅牢度
★★★★

醋酸鐵

日晒堅牢度
★★★

水洗堅牢度
★★★

醋酸鐵

日晒堅牢度
★★

水洗堅牢度
★★★★

【楊梅】

學　　名：*Myrica rubra* Sieb.
科 屬 名：楊梅科楊梅屬
別　　名：樹莓、樹梅、朱紅、楊桃、椴梅

本土分布：台灣全島低海拔山區皆有自生者，庭院、行道樹或果園有栽植者。

世界分布：中國、日本、韓國、菲律賓

用　　途：水果食用或加工成蜜餞及楊梅酒、樹皮藥用或當染料、樹形美觀可栽培成園景樹

染色取材：樹皮、枝葉

植物生態：

　楊梅為常綠性喬木，樹幹表皮灰褐色，內層黃色，為優良染材。全株多分枝，幼枝呈黃綠色。葉互生，光滑，革質，倒卵狀長橢圓形或倒披針形，全緣或上半部有鋸齒，表面鮮綠，背面稍淡。花單性，雌雄異株，花序著生於葉腋，雄花排成穗狀，雌花為長橢圓形。果實為球形核果，直徑 1.5 至 2 公分，初為黃綠色，熟轉豔紅，果肉柔軟多汁，酸中帶甜，果汁亦鮮紅。果期約在 4-6 月間。

文獻集解：

　　我們的祖先運用楊梅植物應該有很長的歷史，晉代嵇含撰的《南方草木狀》即載有「楊梅，其子如彈丸，正赤，五月中熟，熟時似梅，其味甜酸……」明代《本草綱目》對楊梅也有記載「時珍曰：其形如水楊子，而味似梅，故名。……楊梅樹葉如龍眼及紫瑞香，冬月不凋。二月開花結實，形如楮實子，五月熟，有紅、白、紫三種……。」《天工開物》曰「玄色：靛水染深青，蘆木、楊梅皮等分煎水蓋。」說明當時已是常用染材。台灣早期文獻對於楊梅偶有提及，像《葛瑪蘭廳志・物產篇》就記有「楊梅皮」的生產，而《淡水廳志・物產篇》又有「梅皮可染黃」的記載，我們認為「梅皮」應該就是「楊梅皮」的簡稱，它同時具有藥用及染色的功用。

成熟的楊梅果鮮紅欲滴

楊梅新芽常呈黃綠或嫩紅

染色記事:

　　幾年前，我們在新店住家對面的山頭上，認識一位對染料植物頗有見地的老人，他告訴我們一些五、六十年前台灣用來染色的植物，他說楊梅皮可以染黃色和咖啡色，這是他年輕時曾使用過的經驗。後來我們在他家附近及木柵、石碇、坪林、陽明山等地都發現了一些楊梅的蹤跡。從認識了楊梅植物以後，才發現原來台灣各地低海拔地區經常可以見到，有些地方還用它當行道樹。

　　從來楊梅的染色皆以樹皮為主，採集時，必須以刀片縱向剝取。去年，我們在台南藝術學院就曾以枝葉試染，結果也可以得到類似的色彩，只是染材的比例必須提高些。楊梅的染法如下：

1. 楊梅乾皮以石臼搗碎，生皮則以刀具切成細片，然後加入適量的清水升火煎煮以萃取色素，萃取時間約為水沸後半小時，可連續萃取五至六回。若使用枝葉，則可萃取二至三回。

2. 將各次萃取的染液經細網過濾後，調和在一起，然後靜置一天，使染液中會令纖維澀化的成份沈澱，再取上層液作染浴使用。

3. 被染物先浸泡清水，擰乾、打鬆後投入染浴中染色，染色時升溫的速度不宜過快，煮染的時間約為染液煮沸後半小時。

4. 取出被染物，擰乾後進行媒染半小時。

5. 經媒染後的被染物再入原染浴中染色半小時。

6. 煮染之後，被染物立即取出水洗、晾乾，染布不要存放在染鍋中待冷，以免因氧化不勻而產生染斑。

7. 注意事項：楊梅皮含色素量多，萃取之前應將染材搗碎或切細，才能將色素充分溶解出來。

8. 無媒染和鋁、錫媒染皆呈中明度之褐色，其中鋁媒染偏黃味，石灰媒染呈深黃褐色，而銅媒染呈深紅褐色，鐵媒染呈帶黃味的灰褐色。據說鐵媒染經多次複染即可得黑色，若以藍靛套染，則更容易染成漆黑。

楊梅樹皮為著名的傳統染料

染材名稱：楊梅樹皮	採集季節：八月	染材用量：200％

染色布樣：蠶絲

無媒染

日晒堅牢度
★★★★
水洗堅牢度
★

石灰

日晒堅牢度
★★★★
水洗堅牢度
★

醋酸鋁

日晒堅牢度
★★★★★
水洗堅牢度
★★

醋酸錫

日晒堅牢度
★★★★
水洗堅牢度
★★

醋酸銅

日晒堅牢度
★★★★★
水洗堅牢度
★★★★

醋酸鐵

日晒堅牢度
★★★★★
水洗堅牢度
★★★★

染色布樣：棉布

無媒染

日晒堅牢度
★★★★
水洗堅牢度
★★

石灰

日晒堅牢度
★★★★
水洗堅牢度
★★★★

醋酸鋁

日晒堅牢度
★★★★
水洗堅牢度
★★★★

醋酸錫

日晒堅牢度
★★★
水洗堅牢度
★★★★

醋酸銅

日晒堅牢度
★★★★★
水洗堅牢度
★★★★

醋酸鐵

日晒堅牢度
★★★★
水洗堅牢度
★★★★

大地之華

【埔鹽】

學　　名：*Rhus semialate* Murr. var. *roxburghiana* DC.
科 屬 名：漆樹科漆樹屬
別　　名：山鹽青、羅氏鹽膚木、山埔鹽、埔鹽仔、濱
　　　　　鹽膚木、鹽霜柏、酸桶、木鹽、鹽膚子

本土分布：台灣全境海拔二千公尺以下的山野極常見，尤以路旁、林緣、河岸邊
　　　　　　最常見。
世界分布：亞洲東南部、印度、印尼、蘇門答臘等地
用　　途：採收花粉、丘陵地水土保持良好的樹種、根莖葉果皆可入藥、中藥五
　　　　　　倍子蟲癭的寄生樹種、染料
染色取材：枝葉

植物生態：

　　埔鹽為落葉性小喬木，冬季落葉後只見稀疏的枝條，春暖之後，則各枝頂上再
發紅嫩的新芽。性喜陽光，常見於曠野。全株被褐色柔毛，具紅褐色皮孔。枝幹
為紅褐色，幼莖為黃綠色。葉為一回奇數羽狀複葉，具葉片 4 至 8 對，無葉柄
，紙質，葉形成卵狀長橢圓形，邊緣有鈍鋸齒，每片葉長約 10 至 18 公分，寬
3 至 6 公分，嫩葉呈紫紅色，漸長則轉呈黃綠與深綠。秋季開花，大型而茂盛的
花穗著生在各枝頂上，常見明麗的鮮黃與嬌豔的橙紅朝天怒放。埔鹽雌雄異株，
小花密生成穗，排列成圓錐花序，核果為扁球形，熟時橙紅色，一粒粒的小果實
都含有鹽分，吃起來又酸又鹹。

文獻集解：

　　埔鹽是五倍子的寄生樹，五倍子不但是著名的中藥，同時也是重要的傳統黑色染料。既然寄生物可以用來染色，那麼寄主也應該可以染色才對呀！在還沒試驗染色之前，我們是如此的判斷著。後來經過試驗，果然得到不錯的染色效果。

　　明代的《本草綱目》稱埔鹽為膚木、櫨木、五櫨木或鹽膚子，李時珍對它的生態有深入的描述：「……時珍曰：膚木即櫨木，東南山原甚多，木狀如椿，其葉兩兩對生，長而有齒，面青背白，有細毛，味酸。正葉之下，節節兩邊有直葉貼莖，如箭羽狀，五六月開花，青黃色成穗，一枝纍纍。七月結子，大如細豆而扁，生青，熟微紫色，其核淡綠，狀如腎形，核外薄皮上有薄鹽，小兒食之，滇蜀人采為木鹽，葉上有蟲，結成五倍子，八月取之。……」

埔鹽嫩芽常呈嫩紅色

　　後來我們也從《 The craft of Natrual Dyeing 》一書中讀到「……天然產生的植物單寧，例如橡樹的五倍子和漆樹、鹽膚木的葉子，可以代替媒染棉的單寧酸……。」這麼說來，鹽膚木枝葉中必含有多量單寧成份，這單寧正是埔鹽的主要色素來源。

盛開的埔鹽花穗

埔鹽的果實含有鹽分，味道又鹹又酸。

大地之華

染色記事：

　　每次開車往中南部走，都會在高速公路兩旁看到很多埔鹽的植株，後來我才知道，埔鹽是屬於林地破壞後的先驅樹種，難怪總在屢遭破壞的林地、溪畔、曠野見到大量的族群。埔鹽的採集非常容易，而且枝葉頗具份量，適當的修剪並不會造成環保問題，是一種很容易取得的染料植物。它的染法如下：

1. 將採集的埔鹽嫩枝和葉子以菜刀切成細段，加入適量清水後升火煎煮以萃取色素，萃取時間約為水沸後半小時，可萃取二至三回。
2. 將各次萃取後的染液經細網過濾後，調和在一起作為染浴使用。
3. 被染物先浸泡清水，擰乾、打鬆後投入染浴中染色，染色時升溫的速度不宜過快，並隨時加以攪拌，煮染的時間約為染液煮沸後半小時。
4. 取出被染物，擰乾後進行媒染半小時。
5. 經媒染後的被染物再入原染浴中染色半小時。
6. 煮染之後，被染物立即取出水洗、晾乾而成。染布不要存放在染鍋中待冷，以免因未攪拌而導致色花。
7. 注意事項：
　　a. 埔鹽葉碰到有毛細孔的皮膚可能會引起過敏搔癢，採集時應當留心。
　　b. 萃取的染液若在液面浮著一層蠟質，可以抹布將它拭去。
8. 無媒染呈淺褐色，鋁媒染稍稍加深，近中明度褐色。錫媒染顏色較淡，石灰與銅媒染皆呈深褐色，石灰媒染稍帶紅味，而銅媒染稍帶黃味。鐵媒染呈暖灰。整體來說，埔鹽在棉纖維的呈色也是不錯的，色調雖略顯灰濁，但具有相當濃度。

埔鹽枝葉含有豐富的
單寧酸成份

染材名稱：埔鹽枝葉	採集季節：八月	染材用量：600％

染色布樣：蠶絲

染色布樣：棉布

無媒染

日晒堅牢度
★★★
水洗堅牢度
★★★★

無媒染

日晒堅牢度
★★★
水洗堅牢度
★★★★

石灰

日晒堅牢度
★★★★
水洗堅牢度
★★★★

石灰

日晒堅牢度
★★★★
水洗堅牢度
★★★★

醋酸鋁

日晒堅牢度
★★★
水洗堅牢度
★★

醋酸鋁

日晒堅牢度
★★★★
水洗堅牢度
★★★

醋酸錫

日晒堅牢度
★★
水洗堅牢度
★★

醋酸錫

日晒堅牢度
★★
水洗堅牢度
★★★★

醋酸銅

日晒堅牢度
★★★★★
水洗堅牢度
★★★

醋酸銅

日晒堅牢度
★★★★★
水洗堅牢度
★★★★

醋酸鐵

日晒堅牢度
★★★
水洗堅牢度
★★

醋酸鐵

日晒堅牢度
★★★★
水洗堅牢度
★★★

【烏桕】

學　　　名：*Sapium sebiterum* (L.) Roxb.
科 屬 名：大戟科烏桕屬
別　　　名：鴉舅、瓊仔、拱仔、木蠟樹、木油樹、烏油、烏樹果、蠟子樹

本土分布：台灣全境低海拔山野，極常見。
世界分布：中國原產，華南各省、台灣、日本、印度南部。
用　　途：觀賞、染料、製蠟或肥皂、種子油可當食用油
染色取材：枝葉

植物生態：

　　烏桕為落葉性喬木，冬季落葉前，老葉逐漸由綠轉橙而紅，形成美麗的色彩變化。樹皮灰色，有淺縱裂。葉互生，具乳汁，葉柄長 2 至 5 公分，葉片菱狀卵形，先端銳尖，基部廣楔形，全緣，長與寬相近，各約 3 至 7 公分，葉片基部有兩枚腺體，葉面綠色，葉背初為粉白，後變黃綠。五、六月間開花，總狀花序，頂生，長約 7 至 12 公分，花單性，花小，綠味黃色。蒴果為橢圓狀球形，初為綠色，成熟為黑褐色，熟後自動開裂為三瓣，種子三粒，外被白色蠟質層。

冬季落葉前，烏桕葉片變紅

文獻集解：

　　北魏賈思勰在《齊民要術》中引《玄中記》說「荊陽有烏臼」，但卻沒有對它的染色用途多作說明。明代徐光啟在《農政全書》中又引《玄中記》記載，它的說明較多——「烏臼，樹高數仞，葉似梨杏，花黃白，子黑色，極易生長。玄扈先生曰：烏臼樹，收子取油，……塗髮變黑，又可入漆，可造紙用……其葉可染皂……。」明代《本草綱目》對它也有不少描述，在「釋名」上說：「時珍曰：烏桕，烏喜食其子，因以名之。……或云：其木老則根下黑爛成臼，故得此名。……」在「集解」上則有「藏器曰：葉可染皂，子可壓油，然燈極明。宗奭曰：葉如小杏葉，但微薄而綠，色差淡。子八九月熟，初青後黑，分為三瓣。時珍曰：南方平澤甚多，今江西人種植，采子蒸煮，取脂澆燭貨之，子上皮脂勝于仁也。」《台灣通史・卷二十八虞衡志》中記「烏桕，台本較多，晚秋之時葉變紅色，材可作器，子可搾油，又可製蠟。」此外《葛瑪蘭廳志》、《台南縣志》、《重修台灣府志》中皆有提到烏桕。烏桕除了取脂作蠟燭外，民間也作為染色之用，根皮、葉、種子皆可入藥，種子搾油可當髮油及燃燈油脂。《原色台灣藥用植物圖鑑》書中記載其成份甚多，其中也提到「乾葉含鞣質」，所以前述之「其葉可染皂」主要應是鞣質（單寧酸）產生的作用。

烏桕開花

烏桕蒴果中含有蠟質

染色記事：

　　在台灣鄉下，農人們對「瓊仔」大都熟識，但要是問「烏桕」之名，則多數都會搖頭。全島各地低海拔地區都可以見到烏桕的蹤跡，他的樹型與葉型都長得很優美，葉型有點像小型的菩提葉，到了秋冬季節會由綠轉橙黃或橙紅，是頗具風韻的景觀樹種。八、九月間採集，採集時可以用高枝剪作局部修枝，其染色過程如下：

1.將採集的枝葉以菜刀切成細段，加入適量清水後升火煎煮以萃取色素，萃取時間約為水沸後半小時，可萃取二至三回。

2.將各次萃取後的染液經細網過濾後，將它們調和在一起作為染浴使用。

3.萃取的染液上會浮著一層蠟質，應取抹布將它拭去。

4.被染物先浸泡清水，擰乾、打鬆後投入染浴中染色，煮染的時間約為染液煮沸後半小時。

5.取出被染物，擰乾後進行媒染半小時。

6.經媒染後的被染物再入原染浴中染色半小時。

7.煮染後，被染物立即取出水洗、晾乾而成。

8.注意事項：

　　a.烏桕樹上有時會有一種稱「烏桕黃蝶蛾」的毛毛蟲，它的毛會使人的皮膚過敏，採集時要留意。

　　b.煎煮烏桕葉時會產生濃濃的嗆鼻味道，故應注意染色環境的通風性。

9.無媒染和鋁、錫媒染皆呈黃砂土色，石灰媒染呈黃褐色，銅媒染為略帶綠味的黃褐，鐵媒染絲呈帶紫味的深紫灰色，鐵媒染棉呈深灰色。烏桕染液對鹼很敏感，遇鹼時顏色立即變深。

春夏間的烏桕嫩葉

| 染材名稱：烏桕枝葉 | 採集季節：八月 | 染材用量：500％ |

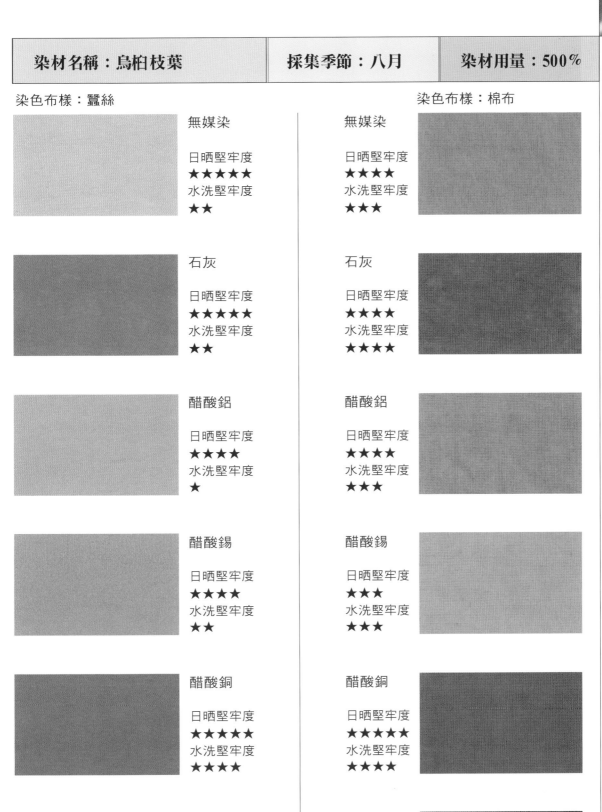

染色布樣：蠶絲

無媒染
日晒堅牢度
★★★★★
水洗堅牢度
★★

石灰
日晒堅牢度
★★★★★
水洗堅牢度
★★

醋酸鋁
日晒堅牢度
★★★★
水洗堅牢度
★

醋酸錫
日晒堅牢度
★★★★
水洗堅牢度
★★

醋酸銅
日晒堅牢度
★★★★★
水洗堅牢度
★★★★

醋酸鐵
日晒堅牢度
★★★★★
水洗堅牢度
★★★★

染色布樣：棉布

無媒染
日晒堅牢度
★★★★
水洗堅牢度
★★★

石灰
日晒堅牢度
★★★★
水洗堅牢度
★★★★

醋酸鋁
日晒堅牢度
★★★★
水洗堅牢度
★★★

醋酸錫
日晒堅牢度
★★★
水洗堅牢度
★★★

醋酸銅
日晒堅牢度
★★★★★
水洗堅牢度
★★★★

醋酸鐵
日晒堅牢度
★★★★
水洗堅牢度
★★★★

大地之華

【楓香】

學　　名：*Liquidambar formosana* Hance
科　屬　名：金縷梅科楓香屬
別　　名：楓仔、香楓、楓樹、楓木、靈楓、路路通

本土分布：台灣全境海拔一千五百公尺以下山區、平野，尤以中部埔里附近最多。

世界分布：中國華中華南、海南島、越南、韓國南部。

用　　途：庭園樹、行道樹、建材、傢俱材、提取樹蠟、葉果根及樹皮可入藥、木材為最佳香菇培養材

染色取材：枝葉

植物生態：

　　楓香為落葉性大喬木，樹冠擴展，株高可達 30 公尺以上，樹幹通直，樹皮灰褐，幼時平滑，老則粗糙而呈縱向深溝裂，小枝有柔毛。葉互生，集生於枝端，掌狀三裂，幼樹之葉常為五裂，紙質，裂片細鋸齒緣，兩面平滑無毛，長 8 - 10 公分，寬 10 - 12 公分，秋後轉紅，冬則脫落而剩枝椏。初春又長新葉，同時一併開花，花單性，雌雄同株，雄花為密集的圓錐花序，雌花為多數集合而呈球形，皆與小鱗片混生而受其保護。小蒴果相互聚合呈球狀，直徑 2 至 2.5 公分，熟後頂端開裂，每一蒴果只有 1 至 2 粒完全種子，其餘為不完全種子，完全種子橢圓形，有翅可協助風飄飛行散播。

文獻集解：

中國先民自古即和楓樹產生密切的關係，王瓘《軒轅本紀》云：「黃帝剎蚩尤於黎山之上，擲其械於大荒之中，化為楓木之林。」此事看來雖不離神話傳說，但至少它說明楓木和古人互動久遠的事實。筆者曾在中國西南苗族地區考察民間工藝，知道苗族人尊蚩尤為始祖，同時視楓樹為神樹，黔東南苗族古歌傳唱的人類祖先蝴蝶媽媽，正是從楓樹心出來的，楓樹因而成為苗人祖先的化身。故至今很多苗族村寨仍以大楓樹為「風水樹」，風水樹立於村寨口，成為村寨的地標與象徵。

即使漢民族，對楓樹也有很獨特的感情，從騷人墨客留下的詩詞之中，我們就可以領略到先民對楓所投射的情愫是多麼的深刻。白居易《琵琶行》開頭即為「潯陽江頭夜送客，楓葉荻花秋瑟瑟。……」，張繼在《楓橋夜泊》的破題又是「月落烏蹄霜滿天，江楓漁火對愁眠。……」，杜甫《夢李白》亦有「魂來楓林青，魂返關山黑」之句，古人以楓入詩詞的地方，正是我們所熟知的情境，故能產生共鳴。

楓香的蒴果呈球狀

李時珍在《本草綱目》中說「楓樹枝弱善搖，故字從風，俗呼香楓，金光明經謂其香為須薩折羅婆香。……頌曰：今南方及關陝甚多，樹甚高大，似白楊，葉圓而作歧，有三角而香，二月有花白色，乃連著實，……說文解字云：楓木厚葉弱枝善搖，漢宮殿多種之，至霜後葉丹可愛，故稱楓宸。……時珍曰：楓木枝幹修聳，大者連數圍，其木甚堅，有赤有白，白者細膩，其實成毬，有柔刺。……」，他除對楓香植物有深入的描寫，同時記載醫藥上的功用，但也沒有提過和染色相關之事。

楓香的枝幹

染色記事：

　　我們會拿楓香枝葉染色，因緣上也是一個偶然，不過這個偶然卻也產生了一個美麗的意外。

　　新店市的中華路是一條漂亮的老街，它之所以漂亮，主要是因道路兩旁種了整排的楓香。三年前的某天下午，我們的朋友打電話要我們去撿楓葉，我們去後才看到清潔隊員正在為路樹修枝，枝葉堆了一地，我跟他們要了一捆回去，第二天就染出了很美的色彩。這事給我啟示很大，我常想：什麼是真正的廢物呢？所謂的廢物大概就是人們不知怎樣運用的東西，如果有足夠的知識，廢物往往是很棒的資源呢！我想很多老師和家長應該把這樣的觀念傳達給學生才好，讓他們不要看輕身邊的任何東西。楓香的染色過程如下：

1.將採集的枝葉用刀具切成細段，加入適量清水後升火煎煮以萃取色素，萃取時間約為水沸後二十分至半小時，共萃取二回。

2.將兩回萃取後的染液經細網過濾，然後調和在一起作為染浴使用。

3.被染物先浸泡清水，擰乾、打鬆後投入染浴中染色，煮染的時間約為染液煮沸後半小時。

4.取出被染物，擰乾後進行媒染半小時。

5.經媒染後的被染物再入原染浴中染色半小時。

6.煮染後，被染物取出水洗、晾乾而成。

7.注意事項：

　　ａ.楓香枝葉的採集以夏、秋之間為原則，葉子還黃嫩時，色素可能不多。

　　ｂ.以掉落的紅葉或枯葉也可用來染色。

8.無媒染和鋁、錫媒染皆呈略帶肉色的淺褐色，石灰媒染呈中明度的黃褐色，銅媒染呈低明度的的黃褐色，而鐵媒染則呈暖味的深灰，絲質的呈色較明亮，而棉質的呈色較深濃。

夏天的楓葉嫩綠

冬天的楓葉轉紅

染材名稱：楓香枝葉	採集季節：九月	染材用量：200％

染色布樣：蠶絲

無媒染

日晒堅牢度
★★★★
水洗堅牢度
★★

石灰

日晒堅牢度
★★★★
水洗堅牢度
★★★

醋酸鋁

日晒堅牢度
★★★★
水洗堅牢度
★★

醋酸錫

日晒堅牢度
★★★★
水洗堅牢度
★★

醋酸銅

日晒堅牢度
★★★★
水洗堅牢度
★★★

醋酸鐵

日晒堅牢度
★★★★★
水洗堅牢度
★★★

染色布樣：棉布

無媒染

日晒堅牢度
★★★★
水洗堅牢度
★★

石灰

日晒堅牢度
★★★
水洗堅牢度
★★

醋酸鋁

日晒堅牢度
★★★★
水洗堅牢度
★★★

醋酸錫

日晒堅牢度
★★★★
水洗堅牢度
★★★

醋酸銅

日晒堅牢度
★★★★★
水洗堅牢度
★★★★

醋酸鐵

日晒堅牢度
★★★★
水洗堅牢度
★★★

【 洋蔥 】

學　　名：*Allium cepa* Linn.
科 屬 名：百合科蔥屬
別　　名：玉蔥、蔥頭、胡蔥

本土分布：屏東縣與高雄縣為主要產區，以恆春半島產量最多，多種植於平地或
　　　　　緩坡丘陵地。
世界分布：原產於伊朗，目前世界各地普遍栽培
用　　途：食用、藥用、染色
染色取材：鱗莖外皮

植物生態：

　　洋蔥為越年生的草本植物，已有數千年栽培歷史，鱗莖具有獨特的香味。鱗莖
肥大呈圓球形或扁球形，球莖外部包裹著橙黃或橙紅色皮膜，這些皮膜即為良好
的黃橙色染料。洋蔥之葉為圓柱形，長 25 至 50 公分，中空，為綠色或粉綠色
。開花時花葶約 1 公尺高，亦圓柱狀，中空，繖形花序，球狀，雄蕊六枚，雌
蕊一枚，花柱呈絲狀。蒴果，內含多數種子，種子為黑色。台灣每年九至十月播
種育苗，次年一至二月結球，三月為採收期。

（陳志帆　攝）

洋蔥植株　　　　　　（陳志帆　攝）

洋蔥

文獻集解：

　　台灣原來不產洋蔥，早年洋蔥都從日本進口，日據時代雖曾研究試種，但皆告失敗而中止試驗三十餘年。直到民國三十九年才又開始試驗，至民國四十三年，台灣才自行生產洋蔥成功，此後數年產量大增，隨即由大量進口而轉變為大量出口，產地則由中部快速轉移至南部，目前已集中在高雄林園與屏東的車城、恆春及枋山等鄉鎮，所產洋蔥約半數內銷、半數外銷，外銷主要以日本為主。除了蔬菜用的蔥球而外，洋蔥也可以製作成多種加工食品，如：脫水洋蔥片、洋蔥粉、洋蔥香料、洋蔥罐頭等等。關於洋蔥栽種發展歷史，均記載於陳世行著的《恆春特產——瓊麻、洋蔥、港口茶》一書中。

　　洋蔥採收之後，必須初步地清除外表鱗片（皮膜），爾後在盤商或菜販販賣的過程中，也會再適當地清除部份皮膜，這些皮膜中含有很豐富的色素，是一種很好的天然染料，所以想要以它作染料的人可以到市場撿取，或請菜攤幫忙收取。

　　洋蔥皮的染色在中東已有很長久的使用歷史，但它在日本應用於染色可能也是二十世紀之後的事，台灣在染色的應用最多應該也不過三、四十年而已。但由於它具有很鮮明的色相及良好的堅牢度，相信今後會很快受到大家的重視。

染色記事：

　　洋蔥皮是一種很好的染色材料，只要能在市場收集到一些廢棄的洋蔥皮膜，就可以輕易地染得帶橙味的黃色。具體的染色步驟如下：

1. 將收集回來的洋蔥皮膜用清水洗過，以去除部份殘留的沙土，然後置於不鏽鋼鍋中，加入適量清水後升火煎煮以萃取色素，萃取時間約為水沸後二十分，共萃取二至三回。
2. 將各次萃取後的染液經細網過濾後，調和在一起作為染浴使用。
3. 被染物先浸泡清水，擰乾、打鬆後投入染浴中染色，染色時升溫的速度不宜過快，並隨時加以攪拌，煮染的時間約為染液煮沸後半小時。
4. 取出被染物，擰乾後進行約半小時媒染。
5. 經媒染後的被染物再入原染浴中染色半小時。
6. 煮染之後，被染物取出水洗、晾乾而成。
7. 注意事項：
   　a.洋蔥皮的色素濃度較高，染色時以被染物的百分之二十至百分之五十已可染到相當的濃度。
   　b.進口洋蔥與本國洋蔥在色調上可能會有些許差異。
8. 蠶絲的染色較明亮：無媒染、鋁媒染呈橙黃色，錫媒染呈較鮮明的鉻黃色，石灰媒染呈紅褐色，銅媒染呈黃褐色，而鐵媒染呈黃味濃的海帶色。棉的染色色調和絲基本一致，但明度都較低些，尤其是鐵媒染，呈現出很深的褐色。

洋蔥皮是很好的
染色材料

染材名稱：洋蔥鱗莖外皮	採集季節：四時皆可	染材用量：70％

染色布樣：蠶絲

無媒染

日晒堅牢度
★★★★

水洗堅牢度
★

石灰

日晒堅牢度
★★★

水洗堅牢度
★★

醋酸鋁

日晒堅牢度
★★★★

水洗堅牢度
★★

醋酸錫

日晒堅牢度
★★★

水洗堅牢度
★★

醋酸銅

日晒堅牢度
★★★★★

水洗堅牢度
★★

醋酸鐵

日晒堅牢度
★★★★★

水洗堅牢度
★★

染色布樣：棉布

無媒染

日晒堅牢度
★★★★

水洗堅牢度
★★★

石灰

日晒堅牢度
★★★

水洗堅牢度
★★★

醋酸鋁

日晒堅牢
★★★

水洗堅牢度
★★★

醋酸錫

日晒堅牢度
★★★★

水洗堅牢度
★★

醋酸銅

日晒堅牢度
★★★★

水洗堅牢度
★★★

醋酸鐵

日晒堅牢度
★★★★

水洗堅牢度
★★★★

【 柿 】

學　　名： *Diospyros kaki* Linn.f.
科 屬 名： 柿樹科柿樹屬
別　　名： 柿仔、紅柿、香柿、毛柿

本土分布： 台灣山麓農園常見之果樹，其中以苗栗、新竹、台中等縣最多。

世界分布： 中國、日本、韓國

用　　途： 甜柿製軟柿、澀柿製脆柿或柿餅、亦可製澀柿汁，根、葉、柿霜、柿蒂皆可入藥。

染色取材： 枝葉、樹皮、澀柿果

植物生態：

柿為落葉性喬木植物，樹冠不規則，樹皮灰褐色，有龜裂，枝條散生皮孔，披短絨毛。葉互生，具柄，葉片橢圓形或卵狀橢圓形，長約 8 至 18 公分，寬約 4 至 10 公分，基部圓或闊楔形，先端尖，全緣，厚紙質，兩面披短毛，葉面深綠，葉背淡綠帶白粉。花單性，雌雄異株，著生於新枝葉腋，雌株花形為壺狀，淺黃色，先端四裂。漿果球形或扁圓形，軟柿熟時呈橙紅或橙黃色，澀柿呈綠黃色。花期為五月，軟柿約 8 至 12 月初成熟，澀柿約 9 至 11 月成熟。枝葉及澀柿可染色。

文獻集解：

柿有多種，先民自古種之，各地品種、品名屢有差異，北魏《齊民要術・卷四》中已有提及，但書中多引古人所言而未成系統，僅知有「椑棗、牛柿、鴻柿、山柿、湖畔之柿、烏椑之柿」等不同名稱。栽培法有「小者栽之」及「取枝於椑棗根上插之」二法。明《本草綱目》在柿的（集解）中記述更多，至少有紅柿、黃柿、朱柿、椑柿、小柿、著蓋柿、牛心柿、蒸餅柿、塔柿、猴棗等不同名稱，至於經由不同的處理方法之後則有烘柿、白柿、烏柿、醂柿之名。同書卷三十在椑柿中又有「他柿至熟則黃赤，唯此雖熟亦青黑色，搗碎浸汁，謂之柿漆，可以染罾扇諸物，故有柿漆之名。」柿漆應該就是如今台、中、日、韓等國用以塗紙或染布的澀柿汁，紙張經澀柿汁塗層處理之後即形成堅韌的防水紙，用以作為型染之型版之用。而布料經澀柿汁塗染之後，亦可形成強韌與防水特性，是早期防水布及漁民的衣著布料之一。

台灣早期地方志中也有《桃園縣志》、《台南縣志》提到柿子的栽種，但皆未談到染色的利用。丘應模先生所著的《台灣的水果》一書中，對台灣出產的品種有詳細的說明，「本省柿之品種繁多，像朱紅柿、元宵柿、正柿等。澀柿果形較大，果形端正，一般多經過脫澀處理後作為脆果，俗稱脆柿、硬柿或浸柿，如牛心柿、四周柿等。近年來也有自日本引進之甜柿品種，像富有、御所等品種。」此外，對於產期、產地及栽陪要領等亦有進一步的解說。

柿子結果

三、四年前，南韓研究天然染色的金芝希教授曾經來台演講，她說韓國濟州島的漁民過去主要是以柿汁染衣，染成的褐色布料有些硬挺，但耐穿且耐海水浸蝕，所以柿染自古以來即成為濟州島的服飾特色。

台灣柿子的產量不少，如果能夠善加利用每年修剪的枝葉及青色的摘除果，一定也可以染出很有特色的「柿染布」。

柿為落葉性喬木，冬季落葉後只剩枝椏

染色記事：

　　柿樹可用於染色的部位，除枝葉外，樹皮與未成熟的澀柿果皆可使用，若用枝葉，則一年中除冬季與春季外，大概都可以採集使用，但最理想的使用季節約在八、九月之間。若用未完全成熟的澀柿果的話，每年大約在端午節之後，果農們都會進行疏果（摘除過多的果實）的工作，此時正可以利用摘除的澀柿來浸汁染色。若要樹皮的話，應選擇冬至以後的一兩個月間，此時果農正忙著修剪枝幹，撿拾這些枝幹，將它的外皮取下，即可用來染色。使用枝葉染色的方法如下：

1.採集生鮮的枝葉，並以菜刀將它切成細段，加入適量清水，於不鏽鋼鍋中煎煮　萃取色素，萃取時間為水沸後半小時，共萃取三回。

2.萃取後的染液經細網過濾後，調和在一起作染浴。

3.被染物先浸透清水，擰乾、打鬆後投入染浴中升溫染色，升溫的速度不宜過快　，煮染的時間約為染液煮沸後半小時。

4.取出被染物，擰乾後進行媒染半小時。

5.經媒染後的被染物再入原染浴中染色半小時。

6.煮染之後，被染物不要存放在染鍋中待冷，直接取出水洗、晾乾即成。

7.注意事項：柿樹的枝葉、樹皮、果等皆含單寧質，故染色時應不停攪動，以免　單寧酸氧化不均勻產生染斑。

8.各種柿染都呈褐色，無媒染與鋁、錫媒染皆顯現中明度之褐色，石灰與銅媒染　呈深褐色，鐵媒染呈暗褐色。

柿樹的枝葉與未成
熟的澀果都可用來
染色

染材名稱：柿枝葉	採集季節：十月	染材用量：400％

染色布樣：蠶絲

 無媒染

日晒堅牢度
★★★★
水洗堅牢度
★

 石灰

日晒堅牢度
★★★
水洗堅牢度
★★

醋酸鋁

日晒堅牢度
★★★★
水洗堅牢度
★

醋酸錫

日晒堅牢度
★★★★
水洗堅牢度
★

 醋酸銅

日晒堅牢度
★★★★★
水洗堅牢度
★★

 醋酸鐵

日晒堅牢度
★★★★
水洗堅牢度
★★

染色布樣：棉布

無媒染

日晒堅牢度
★★★★★
水洗堅牢度
★★

 石灰

日晒堅牢度
★★★★
水洗堅牢度
★★

 醋酸鋁

日晒堅牢度
★★★★
水洗堅牢度
★★★

 醋酸錫

日晒堅牢度
★★★★
水洗堅牢度
★★★

 醋酸銅

日晒堅牢度
★★★★
水洗堅牢度
★★★★

 醋酸鐵

日晒堅牢度
★★★★
水洗堅牢度
★★★★

大地之華

【膠蟲】

| 學　　名：Lacciler lacca Kerr |
| 科 屬 名：同翅目膠蟲科 |
| 別　　名：塑膠蟲、塑膠疳、紫膠、紫鉚、紫梗、赤膠 |

本土分布：寄生於荔枝、龍眼、榕樹、菩提樹、玉蘭花、酪梨、釋迦、牛心梨、橡膠樹等植物的枝幹上，分布以中南部較多。

世界分布：原產於印度、泰國、緬甸一帶

用　　途：染料、塗料、防鏽劑、黏著劑、絕緣體等多種用途

染色取材：蟲膠

生態：

　　膠蟲之成蟲體雌雄不同，雌性蟲為圓形或橢圓形，其複眼及足部都已退化，故終生皆固著在寄生的植物上，蟲體藏於自己分泌的橢圓形的蟲膠中。雄性蟲則能自由活動，分無翅與有翅兩型，其成蟲前方有一對細長觸角及三對胸足，尾部有一陰莖鞘。雌雄交尾後將卵產於膠殼下，同時在此孵化。

　　膠蟲的初齡幼蟲為長橢圓形，扁平而呈粉紅色，幼蟲可以任意爬行，或藉風力及其他昆蟲分散至其他枝條棲息，並開始以口器插入樹皮組織內吸取養料，同時分泌出白色蠟質及紅色蟲膠，狀如腫瘤包覆枝條，使被害植物日漸衰弱枯萎。膠蟲所分泌的原膠中含有 65-80 %的蟲膠樹脂，5-6 %的蟲膠蠟，同時還有 0.6-3 %的蟲膠色素，該色素即為優良的天然紅色染料及塗繪顏料。

　　膠蟲一年之中發生二世代，冬世代在十二月至二月間，夏世代出現在六月裡，因其繁殖迅速又不易以藥物消滅，屢屢造成中南部果園的災難。

文獻集解：

膠蟲所結的膠片古稱「紫鉚」或「紫鑛」，亦稱「紫梗」，現在則稱「紫膠」。唐代張彥遠在《歷代名畫記・卷二》中有「夫工欲善其事，必先利其器……，南海之蟻鉚，紫鉚也，造粉、燕脂，吳錄謂之赤膠也。……」這裡所說的紫鉚，正是當時用以製作紅色顏料的上等材料。

寄生在白玉蘭枝幹上的紫膠蟲所結的膠片

在《天工開物・蟲部・卵生類》中有如下的記載：「紫鉚，時珍曰：鉚與鑛同，此物色紫，狀如鑛石，破開乃紅，故名。今南番連枝折取，謂之紫梗，是矣。」又說「……紫梗樹出真臘國，彼人呼為勒佉，亦出波斯，……崑崙出者善，波斯次之。……今醫家亦罕用，唯染家須之。……時珍曰：紫鉚出南番，乃細蟲如蟻益緣樹枝造成，……今吳人造胭脂。按張勃吳錄云：九真移風縣，有土赤色如膠，人視土知其有蟻，因墾發以木枝插其上，則蟻緣而上，生漆凝結，如螳螂嫖蛸子之狀，人折枝以染絮物，其色正赤，謂之蟻漆赤絮，此即紫鉚也。」在同書「燕脂」條目中又有「時珍曰：燕脂有四種……，一種以紫鑛染綿而成者，謂之胡燕脂，李珣南海藥譜載之，今南人多用紫鑛燕脂，俗呼紫梗是也。」《天工開物・彰施第三》記有「燕脂古造法以紫鉚染棉者為上，紅花汁及山榴花汁者次之。」從此，我們可以得知，紫膠不但是良好的繪畫顏料，同時在染色及胭脂的製造上都是難以被取代的好材料。

台灣目前雖無紫膠的專業生產，但在中南部的果樹農作中卻屢有紫膠蟲的危害，這是肇因於日治時代為繁殖膠蟲以取蟲膠所種下的惡因。在《經濟昆蟲學》中有關於紫膠蟲引入的記載「……本種之首次輸入台灣，為1915年來自印度之一批，但因敵蟲及管理欠當等關係，一、二年後完全死滅。後於1937、1939等年，復由印度、泰國等地輸入，皆歸失敗。至1940年，日本政府再派員自泰國分批空運來台，卒獲成功，……。」當時因蟲膠可製作塗料、黏著劑、防鏽劑、留聲機唱盤及電器絕緣體之用，所以乃極力引進，不料在工業的利益並未獲得，卻在農作物上造成深遠的傷害，目前台灣龍眼、荔枝、合歡、釋迦、榕樹、酪梨等近二十種植物皆深受其害。這正是日本政府利令智昏的決策所導致的難以挽救之後果。

染色記事：

　　我們的老家種了十多棵龍眼樹，在我還沒有離開家鄉之前的四、五年中，暑假採收龍眼的工作大半都會落在我頭上，所以我對每一棵龍眼的生長情況都很清楚。有一年，園子裡幾棵大龍眼樹同時遭受病蟲害侵襲，樹枝上陸續長了成串的腫瘤，樹葉不斷萎縮，鄰居們說那病蟲叫做「塑膠疿」，必須儘快噴灑農藥，然而農藥並無法將它徹底消滅，沒過多久，病蟲又快速蔓延，最後只好依著他人的意見將多數枝椏砍掉，才終於保住了老樹的生命。而那結在枝幹上的塑膠疿膠片，據說有人收購回去製作油漆，後來我才知道那叫洋王漆，是一種優質的木器塗料，至於將膠片用於染色，則是多年後我才從介紹印度的傳統染色的影片中得知的。紫膠的染色過程如下：

1. 將採集到的膠片裝在棉布袋中，加入適量清水，並加水量千分之一的冰醋酸，於不鏽鋼鍋中煎煮，萃取時間為水沸後二十分至半小時，可萃取六至七回。

2. 萃取後的染液經棉布袋過濾後，調和在一起作染浴。

3. 被染物先浸透清水，擰乾、打鬆後投入染浴中升溫染色，煮染的時間約為染液煮沸後半小時。

4. 取出被染物，擰乾後進行媒染半小時。

5. 經媒染後的被染物再入原染浴中染色半小時。

6. 煮染之後，直接取出水洗、晾乾而成。

7. 注意事項：

　　a. 蟲膠經煮沸後即呈黏膏狀，故萃取時必須以棉布袋包裹，以免膠質沾黏染鍋，不易清洗。

　　b. 染過濃色之染液可以再染中色或淺色，效果依然良好。

　　c. 紫膠在鹼性浴中染色效果不好。

8. 紫膠萃取的染液呈鮮豔的大紅色，但無媒染和石灰媒染時卻呈略帶紫味的中明度紅褐色，鋁媒染呈極鮮麗的洋紅色，錫媒染呈亮麗的大紅色，銅媒染呈略帶灰的深紫紅色，鐵媒染則呈略帶紫味的深灰色。

台灣龍眼樹採收下來的紫膠蟲膠片

中國以人工放養的紫膠蟲膠片

染材名稱：膠蟲（台灣）	採集季節：九月	染材用量：100％

染色布樣：蠶絲

染色布樣：棉布

無媒染

日晒堅牢度
★★★★★

水洗堅牢度
★★★

無媒染 ✓

日晒堅牢度
★★★

水洗堅牢度
★★★

石灰

日晒堅牢度
★★★★★

水洗堅牢度
★★★★

石灰

日晒堅牢度
★★★

水洗堅牢度
★★★★

醋酸鋁

日晒堅牢度
★★★★

水洗堅牢度
★★★★

醋酸鋁 ✓

日晒堅牢度
★★

水洗堅牢度
★★★

醋酸錫

日晒堅牢度
★★★★★ ✓

水洗堅牢度
★★

醋酸錫

日晒堅牢度
★★★

水洗堅牢度
★★

醋酸銅

日晒堅牢度
★★★★★

水洗堅牢度
★★★★

醋酸銅

日晒堅牢度
★★★★★

水洗堅牢度
★★★★

醋酸鐵

日晒堅牢度
★★★★

水洗堅牢度
★★★★

醋酸鐵

日晒堅牢度
★★★★

水洗堅牢度
★★★★

| 染材名稱：膠蟲（中國） | 採集季節：九月 | 染材用量：100％ |

染色布樣：蠶絲

染色布樣：棉布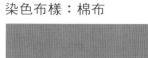

無媒染	無媒染
日晒堅牢度 ★★★★★	日晒堅牢度 ★★★★★
水洗堅牢度 ★★★★	水洗堅牢度 ★★★

石灰	石灰
日晒堅牢度 ★★★★★	日晒堅牢度 ★★★★
水洗堅牢度 ★★★★	水洗堅牢度 ★★★

醋酸鋁	醋酸鋁
日晒堅牢度 ★★★★	日晒堅牢度 ★★★★
水洗堅牢度 ★★★★	水洗堅牢度 ★★★

醋酸錫	醋酸錫
日晒堅牢度 ★★★★★	日晒堅牢度 ★★★★★
水洗堅牢度 ★	水洗堅牢度 ★★

醋酸銅	醋酸銅
日晒堅牢度 ★★★★★	日晒堅牢度 ★★★★★
水洗堅牢度 ★★★	水洗堅牢度 ★★★★

醋酸鐵	醋酸鐵
日晒堅牢度 ★★★★★	日晒堅牢度 ★★★★
水洗堅牢度 ★★★★	水洗堅牢度 ★★★★

【 樟樹 】

學　　名：*Cinnamomum camphora* (Linn.) Sieb.
科 屬 名：樟科樟屬
別　　名：香樟、芳樟、本樟、番樟、樟仔、
　　　　　栳樟、香蕊

本土分布：台灣全境平地至 1800 公尺山區普遍分布
世界分布：中國南部、日本、琉球、印度
用　　途：提煉樟腦、建材、雕刻、櫥櫃、園景樹、行道樹
染色取材：枝葉、幹材

植物生態：

　樟樹為常綠性大喬木，樹高可達三、四十公尺，性喜砂質土及陽光充足之地。它全株都具有濃郁的香氣，樹皮灰褐色，有縱向深裂縫。葉互生，革質，表面平滑光亮，卵形或橢圓形，先端銳，葉緣略呈波狀，葉脈三出。花腋生，圓錐花序，花朵小而數量多，淺黃綠色。漿果為球形，徑約 0.6 公分，初為綠色，熟時為紫黑色。春天開花，秋冬果熟。木材為優良之雕刻材料，同時也可以用來提煉樟腦或樟油。

樟樹幹上的縱向裂痕為其特色

文獻集解：

去年（公元2001年）宜蘭縣政府舉辦綠色博覽會時，選出十種台灣代表植物，結果樟樹名列第一，稱得上為台灣最具代表性的國樹。台灣的樟樹不但族群眾多，而且用途也相當廣泛。

明代《本草綱目》對樟的釋名為「其木理多文章，故謂之樟。」在對樟樹的說明中有「西南處處山谷有之，高丈餘，小葉似楠而尖長，背有黃赤茸毛，四時不凋，夏開細花，結小子，木大者數抱，肌理細而錯縱有文，宜於雕刻，氣甚芬烈。……」

清代方以智的《物理小識》中載有「樟樹，春易葉，初秋復發，葉子見霜黑，可作香，韶州鋸之升腦，江右名豫章而不取腦

樟樹開花

樟樹果實

，其土別乎，豫章老則出火自焚，種不宜近家室。」

清康熙五十六年刊本的《諸羅縣志》記載「樟大者數抱，四時不凋，枝葉扶疏，垂陰數畝，漳舊志：樹老則內腐而虛，其色赤，其材細，其味辛烈，作器雕鏤必用之，熬其汁為樟腦，可入藥。」《台灣通史》曰：「樟台產甚多，有兩種：香樟以熬腦，臭樟以作船材器具。」

由劉業經、歐辰雄、呂福原合著的《台灣樹木誌》則分「本樟」、「芳樟」、「油樟」、「陰陽樟」四品種，「用途：除供為提煉樟腦及樟油外，亦供建築、家具、船艦、及農具、雕刻、裝飾、印章、樂器等用；葉可餵樟蠶，樹為園林用樹；根或木材味辛、性溫、氣香，有祛風濕、行氣血、利關節、溫中健之效。」

染色記事：

　　住在鹿港的木雕民族藝師施振洋老師也在台南藝術學院授課，前年校慶時，他來我們的染色教室參加植物染的體驗，用樟樹葉的煎液染了一條美麗的絲巾，染完後，他問我樟樹的幹材能否使用？我說：因為幹材太貴重了，目前還沒試驗，但估計也具有色素。他說：那好，我們雕刻下來的碎片很多，以往都當柴火燒，現在只能當垃圾丟棄，實在很可惜，過幾天我送幾包給你試試。沒多久，我們收到他送來的碎片，經過試染，得到了和枝葉相同的色調，這讓我們更深刻地體會到以往婁經緯老師說的一句話：「只有對它無能為力的人，才會認為那是廢物」的道理，我心想：我們不知道的東西太多了，此後對待任何東西都應該要謙卑一點才好。

樟樹的染色方法如下：

1. 採集生鮮的枝葉，並以菜刀將它切成細段，加入適量清水，於不鏽鋼鍋中煎煮萃取色素，萃取時間為水沸後半小時，共萃取兩回。若以幹材染色，則應先刨成碎片，才容易將色素萃取出來，而萃取的次數也可以增加為三至四回。

2. 萃取後的染液經細網過濾後，調和在一起作染浴。

3. 被染物先浸透清水，擰乾、打鬆後投入染浴中升溫染色，升溫的速度不宜過快，煮染的時間約為染液煮沸後半小時。

4. 取出被染物，擰乾後進行媒染半小時。

5. 經媒染後的被染物再入原染浴中染色半小時。

6. 煮染之後，被染物不要存放在染鍋中待冷，直接取出水洗、晾乾而成。

7. 注意事項：

　　a. 以樟樹葉染色，要注意採集的季節，在春季枝葉尚嫩時，其色素含量較少，並不適合採集使用，夏季以後，色素含量會不斷增加，故採集以秋冬季節為佳。

　　b. 染液萃取後，若液面浮現一層雜質，則可以先用抹布拭去再行染色，以免影響染色品質。

8. 樟樹染色在絲布與棉布的呈色上會有一些差別，整體來說，絲布的明度和彩度都高於棉布，棉布的色調都偏向灰濁。就絲布來說，無媒染和鋁、錫媒染皆呈檜木色，石灰媒染顏色稍深些，為帶赤味的茶色，銅媒染的顏色頗濃，呈紅褐色，鐵媒染呈略帶灰味的土黃色。就棉布來說，無媒染和鋁、錫、石灰媒染皆呈中明度的茶褐色，其中石灰媒染的紅味稍強些，而銅媒染亦呈紅褐色，鐵媒染則呈灰味較多的灰褐色。

樟樹的葉子初為黃綠，然後逐漸轉為深綠

大地之華

染材名稱：樟樹枝葉	採集季節：四月	染材用量：500％

染色布樣：蠶絲   染色布樣：棉布

無媒染

日晒堅牢度
★★★★
水洗堅牢度
★★★

無媒染

日晒堅牢度
★★★★
水洗堅牢度
★★★

石灰

日晒堅牢度
★★★★
水洗堅牢度
★★★

石灰

日晒堅牢度
★★★
水洗堅牢度
★★★★

醋酸鋁

日晒堅牢度
★★★
水洗堅牢度
★★★

醋酸鋁

日晒堅牢度
★★★★
水洗堅牢度
★★★★

醋酸錫

日晒堅牢度
★★★★★
水洗堅牢度
★★★

醋酸錫

日晒堅牢度
★★★
水洗堅牢度
★★★★

醋酸銅

日晒堅牢度
★★★★
水洗堅牢度
★★★★

醋酸銅

日晒堅牢度
★★★★
水洗堅牢度
★★★★

醋酸鐵

日晒堅牢度
★★★★
水洗堅牢度
★★★

醋酸鐵

日晒堅牢度
★★★★
水洗堅牢度
★★★★

染材名稱：樟樹枝葉	採集季節：十一月	染材用量：500％

染色布樣：蠶絲

染色布樣：棉布

無媒染

（無測試）

無媒染

（無測試）

石灰

（無測試）

石灰

（無測試）

醋酸鋁

（無測試）

醋酸鋁

（無測試）

醋酸錫

（無測試）

醋酸錫

（無測試）

醋酸銅

（無測試）

醋酸銅

（無測試）

醋酸鐵

（無測試）

醋酸鐵

（無測試）

大地之華

【荔枝】

學　　名：*Litchi chinensis* Sonner
科 屬 名：無患子科荔枝屬
別　　名：丹荔、離枝、麗枝、荔錦

本土分布：台灣主要產在新竹以南，屏東以北的平地及低海拔山坡地，其中以高雄、南投、彰化三縣較多。台中、嘉義、新竹等縣次之。

世界分布：中國華南、美國佛羅里達、夏威夷、牙買加、地中海地區、南非、印度

用　　途：食用水果、罐頭加工、釀酒

染色取材：枝葉、樹幹、果皮

植物生態：

　　荔枝為多年生常綠喬木，高可達十多公尺，分枝多而向四面伸張，形成扁圓形樹冠，樹幹灰色。葉為偶數羽狀複葉，互生或接近對生，葉片革質，有光澤，正面綠色或黃綠色，背面顏色稍淺，披針形或近長橢圓形，短柄，主脈清晰。花為雌雄同株異花，頂生，圓錐花序，色淺黃。果有大小之分，一般直徑約在 2 至 4 公分間，心形或卵形，成熟後外殼轉呈鮮紅色，表面有明顯的尖狀突起與龜甲紋。果肉白色，味道鮮美，甜中略帶酸味，還有獨特的香氣。內藏暗褐色種子一粒，種子有大有小，種子太大者在市場上較不受歡迎。

文獻集解:

荔枝原產於中國南方，而台、閩、兩廣及中南半島等地的氣候皆適合生長。過去，荔枝曾經是南方的重要貢品，晉代《南方草木狀》中對荔枝有如下的記載:「荔枝樹高五、六丈餘，如桂樹，綠葉蓬蓬，冬夏榮茂，青華朱實，實大如雞子，核黃黑似熟蓮，實白如肪，甘而多

荔枝開花

汁，似安石榴，有甜酢者，至日將中，翕然俱赤，則可食也，一樹下子百斛。三輔黃圖曰:漢武帝元鼎六年破南越，建扶荔宮，扶荔者以荔枝得名也，自交趾移植百株于庭，無一生者，連年移植不息，後數歲，偶一株稍茂，然終無華實，帝亦珍惜之，一旦忽萎死，守吏坐誅死者數十，遂不復茂矣！其實則歲貢焉，郵傳者疲斃於道，極為生民之患。」真沒想到因著荔枝味道的甘美，卻讓生靈為寡人口慾而勞累致死。

明代李時珍集歷代諸家之說，在《本草綱目》中對荔枝受人歡迎的情況有極高之評價，如「百果之盛，皆不及此」，「興化上品，大徑寸餘，香氣清遠，色紫殼薄，瓤厚膜紅，核如丁香母，剝之如水精，食之如絳雪。」，同時對荔枝的特性也有深入的描繪，如「荔枝炎方之果，性最畏寒，易種而根浮，其木甚耐久，有經數百年猶結實者，其實生時肉白，乾時肉紅，日晒火烘，鹵浸蜜煎，皆可致遠，....若離本枝，一曰而色變，二曰而香變，三曰而味變，四、五日外，色香味盡去矣！」，而清代《物理小識》對荔枝上火的情況有其破解之道;曰「多食作熱，以蜜解之。」

清道光十六年刊本的《彰化縣志》在荔枝條目中有如下的記載:「荔枝品類不一，多自內地渡來，味香色紅紫，本地亦有佳品，不遜內地。台海采風圖孫元衡有詩云:味含仙意空南國，姿近天然是美人。又云:輕紅照肉白凝齒，芳氣襲魂寒沁心。皆妙。」

丘應模先生所著的《台灣的水果》書中有台灣荔枝的解說，在「品種」上有「黑葉、狀元紅、桂味、玉荷包、糯米糍、港尾、三月紅等，其中以黑葉種植最普遍，而糯米糍品質最好。」在「栽培要領」中說「荔枝繁殖均用高壓或嫁接法，....定植以春季為宜，荔枝樹齡長，所以株行距要放寬為 8-10公尺。....」荔枝產期很短，成熟時一片豔紅，其色香味皆很誘人。

染色記事：

　　十多年前，我們剛接觸植物染色，有一回，在向路邊的攤販買了一大把荔枝果後，發現攤位邊堆了一地的荔枝葉，那些綠葉作為包裝襯墊及防晒之用，當攤販賣了水果之後，剩下的葉子全成了垃圾，我一時興起，幫老闆清了一袋葉子回家嘗試染色，沒想到這個突然興起的念頭卻得到令人興奮的回餽，半天之後，一系列優美的顏色就呈現在眼前，之後我們又將果皮和細枝拿來試染，得到的色調也很不錯。荔枝不但枝葉可以染色，即或修枝時砍下的幹材或樹皮也是良好染材。具體染法如下：

1. 採集生鮮枝葉，以菜刀將它切成細段，如為枝幹，則以工具削成薄片，然後加入適量清水，於不鏽鋼鍋中煎煮萃取色素，每次萃取時間為水沸後半小時以上，枝葉可萃取兩回，幹材與樹皮可以萃取三至四回。
2. 萃取後的染液經細網過濾後，調和在一起作染浴。
3. 被染物先浸透清水，擰乾、打鬆後投入染浴中染色，升溫速度不宜過快，煮染時間約為染液煮沸後半小時。
4. 取出被染物，擰乾後進行媒染半小時。
5. 經媒染後的被染物再入原染浴中染色半小時。
6. 煮染之後，被染物不要存放在染鍋中待冷，直接取出水洗、晾乾而成。
7. 注意事項：荔枝葉略具革質，煎煮的時間若太短，萃取的色素即少，故應稍延長萃取時間。
8. 荔枝染的呈色大抵是在黃橙調至褐色調間，但不同的季節與部位也會產生一些差異。以蠶絲染色時，無媒染和鋁、錫媒染呈偏亮的杉皮色，其中錫媒染的明度稍亮些，色相稍偏黃味，石灰媒染呈較濃的檜皮色，銅媒染呈更深的紅褐色，鐵媒染呈帶灰的黃褐色。棉布染色皆呈灰褐色調，其明度與彩度都比蠶絲低很多。

荔枝葉片為革質，具油亮的光澤。

荔枝結果

染材名稱：荔枝枝葉	採集季節：十二月	染材用量：300％

染色布樣：蠶絲

無媒染

日晒堅牢度
★★★★★

水洗堅牢度
★★

石灰

日晒堅牢度
★★★★

水洗堅牢度
★★

醋酸鋁

日晒堅牢度
★★★★★

水洗堅牢度
★★

醋酸錫

日晒堅牢度
★★★

水洗堅牢度
★★★

醋酸銅

日晒堅牢度
★★★★

水洗堅牢度
★★★★

醋酸鐵

日晒堅牢度
★★★★

水洗堅牢度
★★★

染色布樣：棉布

無媒染

日晒堅牢度
★★★★★

水洗堅牢度
★★★★

石灰

日晒堅牢度
★★★★

水洗堅牢度
★★★★

醋酸鋁

日晒堅牢度
★★★★

水洗堅牢度
★★★★

醋酸錫

日晒堅牢度
★★★★

水洗堅牢度
★★★★

醋酸銅

日晒堅牢度
★★★★★

水洗堅牢度
★★

醋酸鐵

日晒堅牢度
★★★★★

水洗堅牢度
★★

◎第四章 染材與試樣—荔枝

【黃梔子】

學　　名：*Gardenia jasminoides* Ellis
科屬名：茜草科黃梔屬
別　　名：山梔、山黃枝、山黃梔、白蟬、黃枝
花、梔子花、黃梔

本土分布：全境海拔1500公尺以下的闊葉林內自生，中部有經濟性栽培，各地
都有不少庭院栽植。

世界分布：中國、日本、中南半島、爪哇、印度

用　　途：染色、食品染料、香料、觀賞、藥用

染色取材：果

植物生態：

　　黃梔子為常綠灌木或小喬木，高約 2 至 3 公尺，多分枝，但樹葉並不太濃密
。樹皮灰褐色，粗糙。葉對生，新葉近無柄，側葉或老葉的葉柄較長。葉片為
橢圓形、長橢圓形或長橢圓狀披針形，長約 5 至 15 公分，寬約 2 至 7 公分，
全緣，革質，光滑，綠色。花頂生，花冠鐘形，裂片 5 至 8 片，初為白色，後
轉淡黃，氣味芳香。漿果為長橢圓形或卵形，長 2 至 4 公分，外有縱稜，熟時
呈橙色，它是植物染色中黃橙色的重要染料之一。

文獻集解：

黃梔子為著名的中藥及黃色染色材料，尤其常用於食品色素，像黃蘿蔔及許多黃色果汁，即是以黃梔子染色。

在《史記・貨殖列傳》有云：「千畝巵茜，千畝薑韭，此其人皆與千戶侯等。」巵即梔之古字，這說明漢朝時，種植黃梔

黃梔子的花與果

子的獲利甚豐。另外《漢官儀》中亦記有「染園出巵、茜，供染御服。」可見當時最高級的服裝也用梔子染黃。

唐詩中有和梔子相關的詩句，韓愈「山石」詩中有「升堂坐階新雨足，芭蕉葉大支子肥。」，王建「雨過山村」中也有「婦姑相喚浴蠶去，閑著中庭支子花。」之句，可見梔子在唐代乃為普遍栽植的作物。隋唐時代，中國染匠至日本指導染色所留下的重要文獻《延喜式》中，即有「深支子綾」、「黃支子綾」、「淺支子綾」等染色配方，黃梔子即為其中之主要材料。

明代《本草綱目》在「集解」中引前人的話「弘景曰：處處有之，亦兩三種小異，以七稜者為良，經霜乃取，入染家....」，同時李時珍也記有自己的觀察心得「梔子葉如兔耳，厚而深綠，春榮秋瘁，入夏開花，大如酒盃，白瓣黃蕊，隨即結實，薄皮細子有鬚，霜後收之，蜀中有紅巵子，花爛紅色，其實染物則赭紅色。」

《台灣通史・虞衡志》中載有「梔子，重瓣者為玉樓春，台南北種之春季，盛開採以薰茶子，可染色，台北謂之蟬薄。」梔子染色雖使用多時，不過它的日照堅牢度並不是很好，清代《物理小識》中即有「梔子染黃，久而色脫，不如槐花或用櫨蘗。」之說。

二十世紀前葉，孟心如在《植物色素》書中記有「梔子果實中所含之色素，據各界研究，實即蕃紅花色素（crocetin）。」而《原色台灣藥用植物圖鑑》在「成分」中有更多記載「梔子（果實）含黃酮類梔子素（gardenin）、果膠、鞣質、藏紅花素（crocin）、藏紅花酸（crocetin）....」可見植物生命中必含有極複雜的組成成分，藏紅花素為其中的主色素，而副色素或微量元素就非常複雜了。

染色記事：

　　黃梔子是一種很容易染色的材料，卻也是一種容易受日光照射而褪色的材料，從染料的特性來說，黃梔子為直接性染料，其色素可以直接染著在纖維上，但多數直接染料的堅牢度並不是很強，在使用過一段時間後就會逐漸褪色，這就說明了何以梔子的黃會逐漸被槐花、櫨木等堅牢度較好的材料所取代的原因。梔子在纖維的染色重要性已降低，不過它在藥用及食用色素中仍具有相當的地位，尤其在「回歸自然」的飲食概念中，天然的黃梔子色素正逐漸受到食品界的重視。黃梔子的染色方法如下：

1.將生鮮的黃梔果切片，若為乾果可以用杵臼搗破，加入適量清水，於不鏽鋼鍋中煎煮萃取色素，每次萃取時間為水沸後二十分，可萃取四至五回。

2.萃取後的染液經細網過濾後，調和在一起作染浴。

3.被染物先浸透清水，擰乾、打鬆後投入染浴中升溫染色，煮染的時間約為染液煮沸後半小時。

4.取出被染物，擰乾後進行銅或鐵的媒染半小時。（若不進行媒染，則加以水洗，晾乾即完成）

5.經媒染後的被染物再入原染浴中染色半小時。

6.煮染之後，直接取出水洗、晾乾而成。

7.多數染色專家都認為黃梔子為直接性染料，而非媒染性染料，那麼媒染劑對它即不能產生關鍵性的影響，不過黃梔子中仍存在著少量的其他成分，像鞣質等物，就可能會受到媒染劑的影響而產生色調的變化，就個人的經驗，黃梔子在無媒染及鋁、錫、石灰媒染所呈現的顏色並無明顯的變化，皆為鮮豔的黃色。而銅媒染在蠶絲的呈色上會使黃色稍加深些，染棉則呈黃褐色。鐵媒染蠶絲的黃色略帶綠味，而棉的染色則呈灰味強的黃褐色。

黃梔子果是傳統的黃色染料

中藥行買來的乾黃梔子果

染材名稱：黃梔子果	採集季節：十月	染材用量：100％

染色布樣：蠶絲　　　　　　　　　　　　　　　　染色布樣：棉布

無媒染

日晒堅牢度
★★★★★

水洗堅牢度
★★★★

無媒染

日晒堅牢度
★★★★

水洗堅牢度
★★★

石灰

日晒堅牢度
★★★★★

水洗堅牢度
★★★★★

石灰

日晒堅牢度
★★★

水洗堅牢度
★★★

醋酸鋁

日晒堅牢度
★★★★★

水洗堅牢度
★★★★★

醋酸鋁

日晒堅牢度
★★★★

水洗堅牢度
★★★

醋酸錫

日晒堅牢度
★★★★★

水洗堅牢度
★★★★★

醋酸錫

日晒堅牢度
★★★★

水洗堅牢度
★★★★

醋酸銅

日晒堅牢度
★★★★

水洗堅牢度
★★★

醋酸銅

日晒堅牢度
★★★★

水洗堅牢度
★★★★

醋酸鐵

日晒堅牢度
★★★★

水洗堅牢度
★★★

醋酸鐵

日晒堅牢度
★★★★★

水洗堅牢度
★★★★

【榕樹】

學　　名：	*Ficus microcarpa* Linn.
科屬名：	桑科榕屬
別　　名：	榕、正榕、倒生樹、小葉榕

本土分布：台灣全境在海拔700公尺以下之山區、平野極普遍，並成為庭院、園林、公園、行道樹等普遍性植栽。

世界分布：印度、東南亞、日本、澳大利亞、琉球、中國

用　　途：庭園造景、街道路樹、庇蔭樹、藥用

染色取材：枝葉、樹皮

植物生態：

　榕樹為常綠性大喬木，性喜溫熱，高者可達二十多公尺，多分枝而擴展成傘形，枝幹上常見垂生氣根，氣根著地後往往發育成支柱根。樹皮稍光滑，全株含白色乳汁。葉互生，有短柄，橢圓或倒卵形，長約 4 至 9 公分，寬約 2 至 4 公分，基部圓形或楔形，先端鈍或短尖，全緣，革質。隱頭花序單生或對生，腋出，球形，初為綠色，熟時黃色至紅色，花果期 5 至 10 月。

文獻集解：

晉代《南方草木狀》有云「榕樹，南海、桂林多植之，葉如木麻，實如冬青，樹幹拳曲，是不可為器也，其本稜理而深，是不可為材也，燒之無焰，是不可為薪也，以其不材，故能久而無傷。其蔭十畝，故人以為息焉，而又枝條既繁，葉又茂細

榕樹幹上常見的下垂氣根

，軟條如藤，垂下漸漸及地，藤稍入土，便生根節，或一大株，有根四五處，而橫枝及鄰樹，即連理，南人以為常，不謂之瑞木。」已將榕樹之特性，描述得非常深刻。另外《植物名實圖考》中記述「榕樹，兩廣極多，不材之木，然其葉可蔭行人，可肥田畝，木歲久則成伽南香，根大如屋，江西南贛皆有之，稍北遇寒即枯，故有榕不過吉之諺。」清代《物理小識》有言「閩廣多榕，垂條及地則復成根，久則擁腫，因名不死木。」

溫熱的台灣，非常適合榕樹生長，在低海拔地區，可謂處處有之。在清道光十六年刊本的《彰化縣志》中，對榕有如下的記載「大者垂蔭可十餘丈，多根，故易茂而難拔，不材，故寡伐而長壽，細根如藤下垂，漸漸及地便生枝節，鳥啄其實墜地復生，名曰鳥榕。」《台灣通史》則記曰「各地俱有，葉極密，有蔭至四五畝者，乳可為膠。」

從這些文獻的記述來看，榕樹除「乳可為膠」及「葉可蔭行人」的功用之外，似乎已沒有其他實用價值，不過《原色台灣藥用植物圖鑑》中卻對榕的藥用多所記述，榕鬚、樹皮、樹葉、果實、乳汁皆有藥效，並列有方例二十多方，在「成分」中列有「酚類，有機酸、黃酮甘、鞣質、酸性樹脂」等多種，我判斷它應該是可以用來染色的材料，所以就等待機會進行實驗，得到的結果也頗令人驚奇。

近年台灣自然災害頻傳，許多山坡地皆因過渡開發而產生水土保持被破壞的問題，國人若能多栽植榕樹，相信一定可以減少災害的發生，我們的祖先喜愛栽種榕樹作為庇蔭樹，在許多廟前或村落中都可以見到百年以上的老榕樹，這樣的景觀所呈現的正是先民的智慧。老榕樹的存在，不僅僅是地理上的標誌，應該將它視為環保的精神象徵才是。

染色記事：

　　台灣的榕樹隨處可見，我曾經問過一班來自各方的中小學研習老師，看看那個學校沒有榕樹，結果四、五十位老師都沒有人搖頭。榕樹可能是很多孩子最早認得的植物，在校園、公園或馬路邊常被修剪成各種不自然的模樣。有一天，我原想到郊外採集他種植物，沒想到才出社區不久，就看到路邊的榕樹被修剪得光禿禿的，樹下堆了一地的枝葉，於是我就改變了主意，先將榕樹枝葉帶回家試染，結果呈現的色彩是不可思議的高雅。其染色方法如下：

1.採集生鮮的枝葉，並以刀具將它切成細段，加入適量清水，於不鏽鋼鍋中煎煮萃取色素，萃取時間為水沸後半小時以上，共萃取三至四回。
2.萃取後的染液經細網過濾後，調和在一起作染浴。
3.被染物先浸透清水，擰乾、打鬆後投入染浴中升溫染色，煮染的時間約為染液煮沸後半小時。
4.取出被染物，擰乾後進行媒染半小時。
5.經媒染後的被染物再入原染浴中染色半小時。
6.煮染之後，將被染物取出水洗、晾乾即成。
7.注意事項：
　　a. 榕樹葉面呈革質，切剁時盡量將各葉片切細，以利色素的萃取。
　　b. 煎煮後的染液表面若有一層蠟質，則可以用抹布拭去。
8.絲在無媒染及鋁、錫、石灰媒染皆呈帶粉紅味的肌色，銅媒染呈棗紅色，鐵媒染呈灰褐色。棉的染色彩度較低，無媒染及石灰媒染呈中明度的紅褐色，鋁、錫媒染呈咖啡紅，銅媒染呈帶紫味的暗紅褐色，鐵媒染呈略帶紫味的深灰色。

榕樹枝葉皆可用來染色

| 染材名稱：榕樹枝葉 | 採集季節：十二月 | 染材用量：300％ |

染色布樣：蠶絲

染色布樣：棉布

無媒染

日晒堅牢度
★★★★

水洗堅牢度
★★

無媒染

日晒堅牢度
★★★★

水洗堅牢度
★★★

石灰

日晒堅牢度
★★★

水洗堅牢度
★★★

石灰

日晒堅牢度
★★★★

水洗堅牢度
★★★★

醋酸鋁

日晒堅牢度
★★★★

水洗堅牢度
★★

醋酸鋁

日晒堅牢度
★★★★

水洗堅牢度
★★★

醋酸錫

日晒堅牢度
★★★★

水洗堅牢度
★★★

醋酸錫

日晒堅牢度
★★★★

水洗堅牢度
★★★★

醋酸銅

日晒堅牢度
★★★★

水洗堅牢度
★★★

醋酸銅

日晒堅牢度
★★★★★

水洗堅牢度
★★★★

醋酸鐵

日晒堅牢度
★★★★★

水洗堅牢度
★★★

醋酸鐵

日晒堅牢度
★★★★

水洗堅牢度
★★★

【桑】

學　　　名：*Mours alba* L. 或 *Morus australis* Poir.
科 屬 名：桑科桑屬
別　　　名：蠶仔樹、雞桑、桑白、鹽桑仔、桑材

本土分布：台灣全境 1500 公尺以下之山野均極常見，栽培者以花蓮、苗栗較多
。

世界分布：中國各省、日本、韓國、東南亞、印度

用　　途：葉片養蠶、果實可生吃或製蜜餞及果醬、枝葉可煮成清涼飲料、全株
可藥用

染色取材：枝葉、樹皮

植物生態：

　　桑樹為落葉性喬木或灌木，高者可達八公尺，樹皮灰褐色，小枝轉為黃綠，
小枝光滑而具有明顯的皮孔。葉互生，有柄，卵形或寬卵形，常作 3 至 5 裂，
先端尖銳，基部心形或鈍形，葉緣鋸齒狀，葉面略粗糙。雌雄同株或異株，雄
花呈葇荑狀，雌花穗狀。聚合果稱桑椹，為圓柱狀或長橢圓狀，初時黃綠，熟
時變成暗紅或深紫，汁液甚甜，可食。

初生的**桑椹**黃綠，熟時會轉暗紅或深紫

文獻集解：

　　栽桑養蠶是古代先民重要的生產活動，而桑樹多種在住家附近，所以自古稱故鄉為「桑梓」。桑也是《詩經》中出現最多的植物，可見它在古代農業社會中的地位是何等重要。如「維桑與梓，必恭敬止」、「南山有桑，北山有楊」、「蕭蕭鴇行，集于苞桑」、「星言夙駕，說于桑田」、「徹彼桑土，綢繆牖戶」、「桑之未落,其葉沃若」……等等。唐詩中也有不少和桑相關的詩句，如王維的「雉雊麥苗秀，蠶眠桑葉稀」、孟浩然的「開軒面場圃，把酒話桑麻」、僧皎然的「移家雖帶廓，野徑入桑麻」、李白的「燕草如碧絲，秦桑低綠枝」等等，都是傳誦千年的名句。

　　北魏賈思勰在《齊民要術》中對桑樹的栽種有詳細的記載「即日以水淘取子曬燥，乃畦種，常媷令淨，明年正月移而栽之，率五尺一根，其下常斸掘，種綠荳小荳……」，明代《本草綱目》記有「時珍曰：桑有數種，有白桑，葉大如掌而厚；雞桑，葉花而薄；子桑，先椹而後葉；山桑，葉尖而長；以子種者，不若壓條而分者。桑生黃衣，謂之金桑，其木必將槁矣！種樹書云：桑以構接則桑大，桑根下埋龜甲，則茂盛不蛀。……或云：木之白皮亦可用，煮汁染褐色，久不落。」此書雖未詳記染色法，但已肯定其染色效果。

　　清道光十六年刊本之《彰化縣志》對桑的解說極簡，僅「養蠶所需，實可食」七字而已。《台灣通史》的記載為「桑有家桑、野桑，實紅可食，皮以作藥，曰桑白。」主要仍作為養蠶、採椹、作藥之用。

　　日本山崎青樹氏著的《草木染染料植物圖鑑》中載有使用幹材與綠葉染色，各有不同的發色效果。

染色記事：

　　我們在進行植物染色的過程中，也陸續受到長輩與朋友的幫忙與指導，像劉友仁先生就在絲綢材料的找尋上幫了許多忙。有一回，他告訴我們，說他年輕時曾在苗栗公館鄉試驗過桑根的染色，得到的黃色令他印象非常深刻。經他這麼一提，就讓我回憶起童年在山上挖木薯時，經常挖到一條條鮮黃的桑根，這桑根應該是不錯的染色材料。不過，除非是專門栽種的桑田，否則要挖取多量的桑根恐怕並非易事，所以我想若使用桑葉也可以染色，就可以取代採集不易的桑根。後來讀了日本的資料後，才肯定桑葉也可以染色。

1. 採集生鮮的枝葉，並以菜刀將它切成細段，加入適量清水，並加 0.1％的碳酸鉀，於不鏽鋼鍋中煎煮萃取色素，每次萃取的時間約為水沸後二十分，共萃取兩回。

2. 萃取後的染液經細網過濾後，調和在一起作染浴，並加入少量冰醋酸，使PH值呈中性。

3. 被染物先浸透清水，擰乾、打鬆後投入染浴中升溫染色，煮染的時間約為染液煮沸後半小時。

4. 取出被染物，擰乾後進行媒染半小時，如為灰汁媒染，媒染之後即充分水洗，晾乾而成。

5. 其餘媒染後的被染物可再入原染浴中染色半小時。

6. 煮染之後，被染物取出水洗、晾乾而成。

7. 注意事項：

　　a. 染液遇酸時，色彩立即變淡，遇鹼則呈橙黃色。

　　b. 以灰汁媒染時，色彩呈現較濃的黃色，再回染鍋煮染後，色彩又逐漸轉淡，顯現染液對酸鹼的作用敏感。

8. 桑葉染色，在絲布與棉布的呈色很接近。無媒染及鋁、錫、石灰媒染皆呈卡其黃，其中鋁、錫媒染呈色稍鮮明些。銅媒染呈黃褐色，鐵媒染呈帶黃味的灰色。

桑樹枝葉

| 染材名稱：桑樹枝葉 | 採集季節：四月 | 染材用量：500％ |

染色布樣：蠶絲　　　　　　　　　　　　　　　染色布樣：棉布

無媒染

日晒堅牢度
★★★★
水洗堅牢度
★★★

無媒染

日晒堅牢度
★★★★★
水洗堅牢度
★★★★

石灰

日晒堅牢度
★★★★
水洗堅牢度
★★★

石灰

日晒堅牢度
★★★★
水洗堅牢度
★★★★

醋酸鋁

日晒堅牢度
★★★★
水洗堅牢度
★★★

醋酸鋁

日晒堅牢度
★★★★
水洗堅牢度
★★★

醋酸錫

日晒堅牢度
★★★★
水洗堅牢度
★★★

醋酸錫

日晒堅牢度
★★★★
水洗堅牢度
★★★

醋酸銅

日晒堅牢度
★★★★
水洗堅牢度
★★★★

醋酸銅

日晒堅牢度
★★★★
水洗堅牢度
★★★

醋酸鐵

日晒堅牢度
★★★★★
水洗堅牢度
★★★★

醋酸鐵

日晒堅牢度
★★★★
水洗堅牢度
★★

【檳榔】

學　　名：*Areca catechu* Linn.
科 屬 名：棕櫚科檳榔屬
別　　名：菁仔、檳榔子

本土分布：台灣全境各地普遍栽植，中南部特多。
世界分布：馬來西亞、越南、中國華南、海南島
用　　途：嚼食、檳榔子可當染料、行道樹或景觀樹、藥用
染色取材：檳榔果

植物生態：

　　檳榔為常綠性喬木，單幹通直不分枝，高可達 30 公尺，灰褐色，葉柄脫落後在幹上留下明顯環紋。葉叢生於幹端，羽狀複葉，葉柄截面呈三稜形，葉鞘包成圓筒狀，小葉細長而呈披針形，光滑無毛，長約 30 至 60 公分。花單性，雌雄同株，肉穗花序，著生在葉叢下的環節上，總花梗粗而短，小花梗較細長，花序上部生雄花，下部生雌花；雄花形小，具六枚雄蕊；雌花較大，長一公分多，內具三花柱，花色明黃，散發著濃郁的芳香。果實為堅果，橢圓形，長約 4 至 5 公分，基部有宿存花萼，初為綠色，熟時轉至黃橙，中果皮富含纖維，內藏種子一粒。全年開花，春夏尤盛。

檳榔開花時散發著濃郁的香氣

文獻集解：

　　國人嚼食檳榔及以檳榔入藥由來已久，晉代《南方草木狀》即對檳榔有深刻的描述「檳榔樹高十餘丈，皮似青桐，節如桂竹，下本不大，上枝不小，調直亭亭，千萬若一，森秀無柯，頂端有葉，葉似甘蕉，條派開破，仰望眇眇，如插叢蕉於竹稍，風至獨動，似舉羽扇之掃天，葉下繫數房，房綴數十實，實大如桃李，

檳榔果實

天生棘重累其下，所以禦衛其實也，味苦澀……，以扶留藤，古賁灰並食，則滑美下氣消穀。出林邑，彼人以為貴，婚族客必先進，若邂逅不設，用相嫌恨，一名賓門藥餞。」爾後許多文獻似乎多在轉述其中文句或觀點。

　　而明代《本草綱目》則在品種及其藥效中多所著墨，「……此有三、四種，出交州者形小味甘，廣州以南者形大味澀，……小而味甘者名山檳榔，大而味澀核亦大者名豬檳榔，最小者名納子，雷氏言尖長而有紋者名檳，圓大而矮者梛，梛力大而檳力小……　。」其主要治療項目為：「消腹脹，除痰澼，敷瘡生肌肉止痛，破除中氣、下水腫，除一切風，下一切氣，療瘰，禦瘴。」等項。

　　台灣早期志書中也屢有檳榔的記載，清道光本《彰化縣志》中說「樹直無枝高三四丈，皮類青銅，節似筠竹，葉皆上豎，臨風旖旎，葉脫一片，內現一苞，數日苞綻即開，花淡黃白色，朵朵連珠，香芬襲人，實附花下，形圓而光，宛若棗形，一樷數百粒。秋末採食，至三、四月乃盡，和荖藤葉夾灰食之，能醉人，可祛瘴，五六月以熏乾者繼之。」同治十年本的《淡水廳志》有更詳細的說明，它所補充的主要重點在「向陽曰檳榔，向陰曰大腹」、「粵人俟成熟取子而食，而台人於未熟食其青皮」、「中心水少許……剖視其實，與雞心無異」、「色青者為雄，味厚，黑臍者為雌，味薄」、「蠣房灰用孩兒茶或柑仔蜜染紅，合扶留藤食之……扶留藤一名荖藤……。」

　　《台灣通史‧風俗志》載有「檳榔可癖瘴，故台人多喜食之，親友往來，以此相贈，檳榔子色青如棗，剖之為二，和以簍葉石灰，啖之微辛，既而回甘，久則齒黑……。」上述皆說明了台人喜食檳榔由來已久，早已成為禮尚習俗的一部分。

　　檳榔子在我國用以染色不知始於何時？然而日本在鎌倉時代已有使用記錄，《當世染物鑑》、《鄙事記》等書中皆有「檳榔子染」之記載，當時檳榔子主要是和石榴、五倍子等物合用，並以藍靛打底，加上鐵媒染後可得到黑色。

染色記事：

　　檳榔是目前台灣最具爭議性的農作，數年來，它的栽種面積已是僅次於稻米而躍居所有農作物的第二位，產值則為所有經濟作物之冠，農民們在丘陵山區盲目地拓展，使這淺根性植物大量盤據陡坡，造成極嚴重的水土保持破壞問題。

檳榔的種仁是很好的染色材料

　　近年來，台灣災害頻傳，種植檳榔的禍害被國人廣泛地討論，因此，嗜食檳榔的人口已有開始下降的趨勢，同時，也由於大量便宜的東南亞檳榔果的競爭，致使檳榔價格快速暴跌，盛產季節常因生產過剩而不敷採收成本，以致經常放棄採收而任其過熟、掉落。這些過熟檳榔皆是良好的染色材料，我們可以不費分文地撿拾利用。其具體染色方法如下：

中藥房販售的檳榔種仁切片

1.撿拾檳榔落果，只要種仁仍未腐朽，大小新舊皆可利用，檳榔果先以杵臼或鐵槌敲破，然後加入適量清水，於不鏽鋼鍋中煎煮萃取色素，每次萃取時間為水沸後半小時以上，可萃取三至四回。

2.各回萃取的染液經細網或紗布過濾後，調和在一起作染浴。

3.被染物先浸透清水，擰乾、打鬆後投入染浴中升溫染色，煮染的時間約為染液煮沸後半小時。

4.取出被染物，擰乾後進行媒染半小時。

5.經媒染後的被染物再入原染浴中染色半小時。

6.煮染之後，被染物不要存放在染鍋中待冷，直接取出水洗、晾乾。

7.注意事項：

　　a.嚼食般大小的檳榔果亦可染色，其色素主要在於核仁之中，所以煎煮前，嫩者必須以刀具切成數瓣，老硬者必須以重物擊碎，才好將色素萃取出來。

　　b.檳榔富含檳榔紅色素(areca red)及兒茶精（catechin），染色時應勤加攪動，以免局部迅速氧化而產生染斑。

8.檳榔子染色在棉與絲的色調呈現上大致相似，但絲的明度和彩度都高於棉。無媒染和鋁、錫、石灰媒染之呈色類似，蠶絲為帶橙味的肌色，棉為灰褐色。銅媒染蠶絲為較濃的紅褐色，棉為帶深灰的暗褐色。鐵媒染蠶絲為灰褐色，而棉為帶紫褐色調的深灰色。

染材名稱：檳榔果	採集季節：一月	染材用量：400％

染色布樣：蠶絲

無媒染

日晒堅牢度
★★

水洗堅牢度
★★

染色布樣：棉布

無媒染

日晒堅牢度
★★★

水洗堅牢度
★★★★

石灰

日晒堅牢度
★★★

水洗堅牢度
★★

石灰

日晒堅牢度
★★★

水洗堅牢度
★★

醋酸鋁

日晒堅牢度
★★

水洗堅牢度
★★

醋酸鋁

日晒堅牢度
★★★

水洗堅牢度
★

醋酸錫

日晒堅牢度
★★

水洗堅牢度
★★

醋酸錫

日晒堅牢度
★★★★

水洗堅牢度
★★★★

醋酸銅

日晒堅牢度
★★★★

水洗堅牢度
★★

醋酸銅

日晒堅牢度
★★★

水洗堅牢度
★★★★

醋酸鐵

日晒堅牢度
★★

水洗堅牢度
★★

醋酸鐵

日晒堅牢度
★★

水洗堅牢度
★★★

第四章　染材典試樣—檳榔

大地之華

【茜草】

學　　名：*Rubia akane* Nakai

科 屬 名：茜草科茜草屬

別　　名：紅根仔草、紅藤仔草、過山龍、金劍草、蒨草、染緋草、茹藘、茅蒐

本土分布： 台灣全境低海拔之山野或闊葉林中

世界分布： 廣布於亞洲暖帶，中國、韓國、日本、印度皆產之。

用　　途： 藥用、染色

染色取材： 根

植物生態：

　　茜草為多年生蔓性草本植物，莖長約 60 至 100 多公分。根長一尺左右，肉質，呈圓柱形或粗線形，外表赤黃或赤褐色，內為黃色，根皮中含色素，老根色素尤多。地上之莖部被倒鉤刺，莖節隨處生根。莖為方形，細長蔓生，有縱稜，開花期間多分枝。葉 4 至 5 枚輪生，葉柄長約 1 至 4 公分，葉片心形或狹卵形，長約 3 至 5 公分，基部為心形，先端尖銳，全緣，葉脈 4 至 6 條，葉柄與葉片都有細逆刺，尤以稜脈為多。花序為圓錐形聚繖花序，腋生或頂生，花冠乳黃色，花瓣 5 裂。果實呈細圓球狀，初為綠色，熟時轉黑，夏秋開花。

| 茜草莖為方形，葉片呈心型。 | 茜草開花時多分枝，花形小於米粒，花色淡黃。 |

文獻集解：

　　茜草為人類最早使用的紅色染料之一，古文獻中早有記述，《詩經》有「縞衣茹藘，聊可與娛」、「東門之墠，茹藘在阪」等句。《漢官儀》記有「染園出卮茜，供染御服」之句。《史記·貨殖傳》中亦有「千畝卮茜，其人與千戶侯等」的記載，可見當時栽植茜草可享有厚利，茜草染紅在周朝以前即受到相當的重視。

　　《本草綱目》云：「陶隱居本草言：東方有而少，不如西方多，則西草為茜，……時珍曰：茜草十二月生苗，蔓延數尺，方莖中空有筋，外有細刺，數寸一節，每節五葉，葉如烏藥葉而糙澀，面青背綠，七八月開花結實，如小椒大，中有細子。……可以染絳……。」

　　清代《物理小識·卷之六》中亦有「茜草染紫」、「茜紅以烏梅湯，退紅以石灰水，退後茜不失銖兩。」等句。《植物名實圖考》一書對茜草也有許多解說。

　　台灣早期志書中也屢有記載，像康熙五十六年本《諸羅縣志》記曰「茜草染絳之草，一名茅蒐……，土番多用此以染獸毛，兼以染藤；然秘而不傳，莫知所生之處，漢人鮮有識者。」《重修鳳山縣志·卷十一》中附錄《瀛壖百詠》：「番婦自織布，以狗毛、苧麻為線，染以茜草，錯雜成文，朱殷奪目，名達戈紋。達戈紋番以被體，漢以為衣包，頗堅緻。」其後各地志書中屢見轉摘本文，如《淡水廳志》、《嘉義縣志》、《台灣府葛瑪蘭廳志》、《台灣通史》等內容，都與前文相當一致。

　　六十多年前，杜燕孫氏在《國產植物染料染色法》一書中，對茜草的染色有詳細的解說，對色素成分也有說明「茜草根中之色素為茜素、茜紫素、贗茜紫素三種，茜素為主要者。此物含於根中成配醣體，若用硝酸沸煮之，則在根內發酵，而成色素。茜素之配醣體，存在於新鮮之茜草根中，微溶於冷水，易溶於熱水、酒精及醚中，溶於鹼性液內呈血紅色……。」

染色記事：

茜草可以概分為東洋茜及西洋茜兩類，東洋茜又因產地不同，而有印度茜、中國茜、日本茜等名稱。就染紅色的效果來說，西洋茜和印度茜皆遠優於中國茜。中國、台灣及日本等地所產的東洋茜，染色時其紅色素較薄而橙色味較強，不若西洋茜與印度茜的鮮紅。茜草染色時可用新採集的生鮮茜根，也可以使用中藥店所購買的乾茜根。其染色方法如下：

1. 將茜根用水洗淨，放在桶中以清水浸泡一夜，使茜中的黃色素溶解在清水中。

2. 次日將浸泡的黃色水倒除，再將茜根以清水清洗一回，然後再加入適量清水，並加入0.1％之醋酸，於不銹鋼鍋中煎煮萃取色素，萃取時間為水沸後半小時，可萃取五至六回。

3. 萃取後的染液經細網過濾後，調和在一起作染浴，並加入適量的碳酸鉀，將染液調成中性浴。

4. 被染物先浸透清水，擰乾、打鬆後投入染浴中升溫染色，煮染的時間約為染液煮沸後半小時。

5. 取出被染物，擰乾後進行媒染半小時。

6. 經媒染後的被染物再入原染浴中染色半小時。

7. 煮染之後，被染物可存在染鍋中待冷，然後取出水洗、晾乾而成。

8. 注意事項：

　a.茜根經煎煮兩三回後，可再以石臼搗碎，以便於色素萃取。

　b.石灰、草木灰等鹼性媒染劑適合做後媒染。

9. 茜根之染色，在蠶絲與棉布的呈色上會有一些差異，一般來說，棉、麻的呈色較偏紅，而蠶絲則稍偏橙。就蠶絲來說，無媒染與灰媒染、錫媒染皆呈橙色，其中以錫媒染顯現的彩度最高。而鋁媒染呈帶橙味的紅色，銅媒染呈檜皮色，鐵媒染呈帶灰味的茶褐色。就棉布來說，無媒染與灰媒染呈帶粉紅味的肌色，鋁媒染呈鮮紅色，錫媒染呈橙紅色，銅媒染呈黃褐色，鐵媒染呈紫味的灰褐色。

切片的茜草根

細條的茜草根

| 染材名稱：茜草根 | 材料來源：中藥行 | 染材用量：100％ |

染色布樣：蠶絲

無媒染

日晒堅牢度
★★★★★
水洗堅牢度
★★★

石灰

日晒堅牢度
★★★★
水洗堅牢度
★★★★

醋酸鋁

日晒堅牢度
★★★★★
水洗堅牢度
★★★

醋酸錫

日晒堅牢度
★★★★★
水洗堅牢度
★★★★

醋酸銅

日晒堅牢度
★★★★★
水洗堅牢度
★★★

醋酸鐵

日晒堅牢度
★★★★
水洗堅牢度
★★★

染色布樣：棉布

無媒染

日晒堅牢度
★★★
水洗堅牢度
★★★★

石灰

日晒堅牢度
★★★
水洗堅牢度
★★★★

醋酸鋁

日晒堅牢度
★★★
水洗堅牢度
★★★

醋酸錫

日晒堅牢度
★★★★
水洗堅牢度
★★★

醋酸銅

日晒堅牢度
★★★
水洗堅牢度
★★★★

醋酸鐵

日晒堅牢度
★★★★
水洗堅牢度
★★★★

大地之華

【 玫瑰 】

學　　名：*Rosa Hybrida* Hort. ex Schleich.
科　屬　名：薔薇科薔薇屬
別　　名：薔薇、雜交玫瑰、洋玫瑰

本土分布：全境各地廣為栽培
世界分布：全球從溫帶到熱帶都大量栽植，分布極廣。
用　　途：庭園、盆景、插花、胸花、捧花等多用途之觀賞性植物
染色取材：枝葉

植物生態：

　　玫瑰為常綠或落葉性灌木，枝幹直立或具攀緣性，莖幹表皮通常有銳刺。葉互生，為奇數羽狀複葉，少數品種為單葉，小葉為卵形，先端尖銳，鋸齒緣，嫩葉為黃綠或帶紫紅，而後逐漸轉為深綠，具光澤。花期因品種而異，台灣四季皆可開花。花為兩性花，單頂花序或繖房花序，花朵有大有小，有單瓣者，但多數為重瓣者，色彩種類眾多。瘦果數多，藏在肉質的花托內。

文獻集解：

玫瑰花可能是目前全世界栽培得最多的賞花植物，不過它在我們的古代文獻中卻少被提及。早年，國人多數是以薔薇之名稱之，而在《群芳譜》中則以「玫瑰花」或「徘徊花」稱之。

康熙五十六年本之《諸羅縣志》載有「薔薇，格物總論一名牛勒，一名牛棘，一名刺紅，一名玉雞苗，一名薔蘼花，清馥，有紅、黃、白三色，藤身多刺，移自內地，止有淡紅一種，而開花者甚稀。」，《台灣通史》則載有「薔薇，種多，有野薔薇，花白而小，台人稱為刺仔花，斸其根作茶。」、「玫瑰，為薔薇之類，味尤香，花可點茶。」

而《台灣樹木誌》一書在「薔薇屬」中云「約150餘種，多種北溫帶。台灣自生約10種。」可見目前多數品種皆為外來種或配種。

鄭元春先生所著之《常見藥草圖說》中載有玫瑰主要成分，其中有「單寧質」、「槲皮素」、「胡蘿蔔素」、「異槲皮素」等項，我們因此認為它可能具有染色的功能

各種品種的玫瑰枝葉都可以用來染色

，才著手進行試染，而幸運地發現它具有不錯的染色效果。

染色記事：

　　我們曾經逛過幾次花卉批發市場，每次都會見到花卉拍賣後留下了許多殘枝敗葉；這些廢棄物部分為過期的花枝，部分為修剪殘留的敗葉，都必須花費大量的人力去清理。於是我就想到，假如它們也可以用來染色，不就可以幫都市人解決部分採集難題，同時又能減少垃圾數量而一舉兩得，因此，就有花卉殘枝敗葉再利用的構想。花市中經常可見被剪下的玫瑰枝葉，可以撿來染色，既省成本又不怕貨源短缺，實在是值得推廣的活動。其染色方法如下：

1.將收集的生鮮枝葉，以菜刀切成細段，加入適量清水，於不鏽鋼鍋中煎煮萃取色素，每次萃取時間為水沸後二十分，可萃取二至三回。

2.萃取後的染液經細網過濾後，調和在一起作染浴。

3.被染物先浸透清水，擰乾、打鬆後投入染浴中升溫染色，煮染的時間約為染液煮沸後二十分。

4.取出被染物，擰乾後進行媒染半小時。

5.經媒染後的被染物再入原染浴中染色二十分。

6.煮染之後，被染物不要存放在染鍋中待冷，直接取出水洗、晾乾而成。

7.注意事項：

　　a.玫瑰多刺，收集及切剁時要格外小心。

　　b.在含鞣質的染液中染色時，必須不停攪動，以免因局部氧化而出現染斑。

8.以玫瑰枝葉染色，在蠶絲和棉布的呈色相當一致，無媒染及鋁、錫、石灰媒染皆呈帶綠褐味的土黃色，其中以石灰媒染的濃度較高，而銅媒染呈較深的黃茶色，鐵媒染則呈略帶紫味的深灰色。

玫瑰花的殘枝敗葉皆
可以用來染色

染材名稱：玫瑰枝葉	採集季節：二月	染材用量：600％

染色布樣：蠶絲

無媒染

日晒堅牢度
★★★★★
水洗堅牢度
★★★★

染色布樣：棉布

無媒染

日晒堅牢度
★★★★★
水洗堅牢度
★★★★

石灰

日晒堅牢度
★★★★
水洗堅牢度
★★★★

石灰

日晒堅牢度
★★★★
水洗堅牢度
★★★★

醋酸鋁

日晒堅牢度
★★★★
水洗堅牢度
★★★★

醋酸鋁

日晒堅牢度
★★★★
水洗堅牢度
★★★★

醋酸錫

日晒堅牢度
★★★★
水洗堅牢度
★★★★

醋酸錫

日晒堅牢度
★★★★★
水洗堅牢度
★★★★

醋酸銅

日晒堅牢度
★★★★★
水洗堅牢度
★★★★

醋酸銅

日晒堅牢度
★★★★★
水洗堅牢度
★★★★

醋酸鐵

日晒堅牢度
★★★★★
水洗堅牢度
★★★★

醋酸鐵

日晒堅牢度
★★★★★
水洗堅牢度
★★★★

【 紅楠 】

學　　名：*Machilus thunbergii* Sieb. et Zucc.
科 屬 名：樟科楨楠屬
別　　名：楠仔、豬腳楠、臭屎楠、紅潤楠、鳥樟

本土分布： 台灣全境 200 至 1800 公尺間之山區疏林或再生林中。
世界分布： 中國、南韓、日本、琉球、小笠原群島
用　　途： 庭園觀賞、建築或器具用材、藥用、染料
染色取材： 枝葉、幹材、樹皮

植物生態：

　　紅楠為常綠大喬木，高可達 20 公尺，樹皮粗糙，有縱向細裂縫，樹皮灰褐色，小枝具皮孔。鱗芽苞與新葉呈嫩紅色，老葉深綠，葉互生，多生於枝端，葉柄 1 至 2 公分，多帶紅色。葉片倒卵形至橢圓狀披針形，長約 5 至 12 公分，先端尖，基部楔形或銳尖，全緣，有油亮的光澤。花序為聚繖花序或圓錐花序，腋生，花序具多枚紅苞片，苞片早落。花被六片，狹橢圓形。果實為漿果，球形，徑約 1 公分，初為綠色，熟後變紫黑。三月長新芽，四至五月間開花，六至九月為果期。

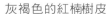

灰褐色的紅楠樹皮

春天，紅楠的新芽呈嫩紅色，最具特色。

文獻集解：

　　樟科楨楠屬植物在台灣的中低海拔山區擁有極龐大族群，其中以紅楠、香楠及大葉楠的產量最多。紅楠在春天長新葉時具有鮮紅的芽苞，同時嫩葉也常呈現紅色，所以在春季具有很鮮明的特徵。然而，新葉長成之後，特徵即隨之消失，乃易與香楠混淆，不過紅楠葉片濃密、深綠而具油亮之光澤，它與香楠略帶粉綠、柔軟而稍大的葉片還是有些差異。

　　《原色台灣藥用植物圖鑑》中載有紅楠的成分，心材具有「ｄｌ-兒茶精」、「槲皮素」等成分，樹皮含「樹脂」、「鞣質」、「橡膠」等成分。在「效用」中載有「根及樹皮有舒筋活血，消腫止痛、利濕止瀉之效。治扭挫傷筋、轉筋、足腫、吐瀉不止。木材可作驅蚊香原料。」在「彙考」中記有「樹皮內含豐富粘液質，可作線香或黃色原料。」

　　陳運造先生所著《野生觀賞植物》書中記有「庭植供觀賞，材供器具和建築，樹皮可做褐色染料。」原來我們也以為只有樹皮可做染料，經試染之後發現枝葉亦可染出深濃色彩。為了採集的方便，也為了避免影響植物的生長，我們建議大家盡量以枝葉為染材，即可得到良好的染色效果。

染色記事：

　　每個人認識植物的經驗可能都不一樣，就是同一個人，認識不同的植物也應有不同的機緣。紅楠是我從小就認得的植物，但是三十年來對它卻很疏離，不知它叫紅楠，只知道它的葉片被搓揉後會產生一股香氣。前幾年，我們和一位荒野保護協會的朋友上山，經他的說明，我們才知道紅楠和豬腳楠原來就是相同的植物。說也奇怪，從此之後，紅楠的族群似乎一下子多了起來，每次上山，總會在路邊或樹林中見到它的蹤跡，後來我們用它的枝葉試染，得到了一系列的紅褐色調，覺得紅楠是一種很好的染材，此後對它更有一種親切感，發覺這植物在中低海拔的族群確實很龐大。

　　這個經驗讓我瞭解到認識植物就像認識人一般，先有粗淺的認知，才有深入的認識，粗淺的認知讓我們約略地知道它的模樣，要深入的認識卻必須花費很多精神，才能點點滴滴地累積一些有用的心得。以紅楠枝葉染色的過程如下：

1. 採集生鮮的枝葉，並以刀具切成細段，加入適量清水，並加入水量的0.1％之碳酸鉀，於不鏽鋼鍋中煎煮萃取色素，每次萃取時間為水沸後半小時，共萃取三至四回。

2. 萃取後的染液經細網過濾後，調和在一起作染浴，同時加入少許冰醋酸，使染液呈中性。

3. 被染物先浸透清水，擰乾、打鬆後投入染浴中升溫染色，煮染的時間約為染液煮沸後半小時。

4. 取出被染物，擰乾後進行媒染半小時。

5. 經媒染後的被染物再入原染浴中染色半小時。

6. 煮染之後，被染物不要存放在染鍋中待冷，以免產生染斑，取出後經水洗、晾乾而成。

7. 注意事項：紅楠在染色的過程中很容易產生染斑，故不論媒染或液染都要不停地攪動。

8. 紅楠染色在棉與絲的色調呈現上基本相同，但明度有明顯差異，蠶絲的明度和彩度稍高於棉布。就蠶絲來說，無媒染和鋁、錫媒染皆呈赤肌色，灰媒染呈較明亮的咖啡色，銅媒染呈濃度高的紅褐色，鐵媒染呈帶灰的中明度褐色。就棉的染色來說，無媒染與鋁、錫、灰媒染皆呈帶紅味的褐色，其中錫媒染的明度稍高些，銅媒染呈暗紅褐，鐵媒染呈灰褐色。

紅楠枝葉

染材名稱：紅楠枝葉	採集季節：三月	染材用量：400％

染色布樣：蠶絲

無媒染

日晒堅牢度
★★★★

水洗堅牢度
★★★

石灰

日晒堅牢度
★★★★

水洗堅牢度
★★★

醋酸鋁

日晒堅牢度
★★★★

水洗堅牢度
★★★★

醋酸錫

日晒堅牢度
★★★★★

水洗堅牢度
★★★

醋酸銅

日晒堅牢度
★★★★★

水洗堅牢度
★★★★

醋酸鐵

日晒堅牢度
★★★★★

水洗堅牢度
★★★★

染色布樣：棉布

無媒染

日晒堅牢度
★★★★

水洗堅牢度
★★★★

石灰

日晒堅牢度
★★★★

水洗堅牢度
★★★★

醋酸鋁

日晒堅牢度
★★★★

水洗堅牢度
★★★★

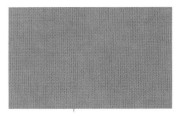

醋酸錫

日晒堅牢度
★★★★

水洗堅牢度
★★★★

醋酸銅

日晒堅牢度
★★★★★

水洗堅牢度
★★★★

醋酸鐵

日晒堅牢度
★★★★★

水洗堅牢度
★★★★

【木麻黃】

學　　名：*Casuarina equisetifolia* Forst
科 屬 名：木麻黃科木麻黃屬
別　　名：木賊葉木麻黃

本土分布：台灣全島海岸、沿海地區極普遍，部份城市之行道樹、公園樹亦栽培之。

世界分布：原產於澳洲、南洋群島

用　　途：綠籬、行道樹、防風林

染色取材：細枝、樹皮

植物生態：

　　木麻黃為常綠性喬木，樹高 10 至 20 公尺，樹冠為長圓錐形，性喜陽光溫熱，耐鹹耐旱又抗風。枝幹灰褐色，有不規則之縱向細裂，樹皮剝落時為長片條狀。小枝細長，多節。葉退化而呈鞘狀齒裂，輪生於小枝上。單性花，雌雄同株，雌花紅色，著生側枝；雄花黃色，長在小枝先端。果為複合果，呈毬果狀，橢圓形，長約 1.5 至 2 公分，深褐色。

木麻黃細枝

木麻黃開花

文獻集解：

　　木麻黃為外來植物，在我們古代的文獻中未曾見到對它的生態描述，更沒有發現任何書籍曾寫到用它染色的記錄，只有在近代出版的書籍中才能見到關於木麻黃的生態說明。《台灣樹木誌》中載有「產澳洲及東印度一帶，僅木麻黃屬一屬有六十餘種。多生於海岸沙地，可防風沙，材質堅硬，為良好之薪炭材。台灣引進約達二十種，目前僅存有約四～五種之純種成熟植株，及部分天然雜交之中間型。」在用途上則記有「防風沙、薪炭、單寧」。

　　最近，我們遇到任職於紡研中心的鄧麗喜小姐，她告訴我，她曾在三十多年前幫母親採割木麻黃樹皮作為染色材料的經驗，據說當時嘉義鹿草鄉及鄰近沿海一帶人們的生活都較艱困，使用木麻黃染色為當地普遍現象，雖然距今不算太久，不過卻也是台灣本土植物染色的一項寶貴經驗。

　　洪丁興先生所著的《台南縣鄉土植物》一書中，在木麻黃的「習性」項記有「生長在沙岸之常綠喬木，為陽性樹種，喜日光、沙地或沙質壤土，抗風、耐鹹又耐旱。」在「利用」項又記有「日據時代就引進作海岸防風林，行道樹及耕地防風林；木麻黃柴、木麻黃鬚（纖細小枝條）為薪材。」過去木麻黃的栽植以海岸防風林為主，但是近年卻積極發展矮小品種，很多地方都可以見到以它密植而成的綠籬。

染色記事：

　　我們之所以會用木麻黃來染色，主要是因筆者二十多年前曾在金門服役，當時整個金門島上已種滿了木麻黃，每到寒冬夜晚，一陣陣北風吹在木麻黃的長鬚上，產生了尖銳而淒厲的「咻—咻—」長鳴，尤其在寒流來襲，夜雨紛紛的午夜衛兵輪值時，聽那悽涼的悲鳴簡直可以鬼哭神嚎來形容，為了去除夜間可怕聯想，白天裡我常仔細觀察木麻黃的長相，希望藉著理性的形象辨別，以免夜間站崗時產生可怕的幻象。我發現木麻黃幹上常會流出深褐色的汁液，那汁液雖經雨水沖刷，卻仍然明顯地流散在枝幹上。二十多年之後，當我們想到植物色素，自然就回憶起木麻黃的褐色汁液，我直覺地認為它可能是一種染料，所以就將它列為研究的對象。木麻黃的染色如下：

1.採集生鮮的細枝，並以菜刀將它切成細段，加入適量清水，於不鏽鋼鍋中煎煮萃取色素，萃取時間為水沸後半小時，共萃取兩回。
2.萃取後的染液經細網過濾後，調和在一起作染浴。
3.被染物先浸透清水，擰乾、打鬆後投入染浴中升溫染色，升溫的速度不宜過快，煮染的時間約為染液煮沸後半小時。
4.取出被染物，擰乾後進行媒染半小時。
5.經媒染後的被染物再入原染浴中染色半小時。
6.煮染之後，被染物不要存放在染鍋中待冷，直接取出水洗、晾乾而成。
7.木麻黃枝葉的染色，在絲布與棉布上皆呈黃褐色調，只是棉布的彩度比絲布更低些。無媒染和鋁、錫、石灰媒染皆呈中明度的黃褐色，其中以石灰媒染的顏色稍濃些，銅媒染呈深黃褐色，鐵媒染呈帶暖味的深灰色。

近年常見以矮小的木麻黃
為綠籬

染材名稱：木麻黃細枝	採集季節：三月	染材用量：500％

染色布樣：蠶絲

無媒染

日晒堅牢度
★★★★

水洗堅牢度
★★

石灰

日晒堅牢度
★★★

水洗堅牢度
★★★

醋酸鋁

日晒堅牢度
★★★★

水洗堅牢度
★★★

醋酸錫

日晒堅牢度
★★★★★

水洗堅牢度
★★★

醋酸銅

日晒堅牢度
★★★★

水洗堅牢度
★★★★

醋酸鐵

日晒堅牢度
★★★★

水洗堅牢度
★★★★

染色布樣：棉布

無媒染

日晒堅牢度
★★★

水洗堅牢度
★★★

石灰

日晒堅牢度
★★

水洗堅牢度
★★★

醋酸鋁

日晒堅牢度
★★★

水洗堅牢度
★★★

醋酸錫

日晒堅牢度
★★★

水洗堅牢度
★★★★

醋酸銅

日晒堅牢度
★★★★

水洗堅牢度
★★★★

醋酸鐵

日晒堅牢度
★★★★

水洗堅牢度
★★★★

【苦楝】

學　　名：*Melia azedarach* Linn.

科 屬 名：楝科楝屬

別　　名：苦苓、楝樹、紫花樹、旃檀、森樹、
　　　　　金鈴子

本土分布：台灣全境平野至低海拔山區常見

世界分布：中國華南、印度、日本、琉球、韓國、緬甸、錫蘭、南歐、東非、
　　　　　美國

用　　途：行道樹、庭園樹、藥用

染色取材：枝葉

植物生態：

　　苦楝為落葉性大喬木，高約 15 - 20 公尺，樹皮為暗褐色，有淺縱裂，老枝帶紫褐色，幼枝被星狀毛。葉為 2 - 3 回奇數羽狀複葉，對生或互生，有小葉 3 - 4 對，長卵形至披針形，長約 3 - 7 公分，寬約 2 - 3 公分，先端漸尖，基部不對稱，邊緣有鈍鋸齒。春天新葉剛長出時開花，圓錐花序，腋生，花紫色或淡紫色，花萼 5 裂，花瓣 5 枚，花有特殊的芳香。核果球形或卵形，長約 2 - 3 公分，生綠熟黃，子房六室，每室有一枚種子。春季開花，秋季果熟。

文獻集解：

《本草綱目》載有「……楝葉可以練物，故謂之楝。其子如小鈴，熟則黃色如金鈴，象形也。……宏景曰：處處有之，俗人五月五日取葉佩之，云辟惡也。恭曰：此有雌雄兩種，雄者無子，根赤有毒，服之使人吐不能止，時有至死者；雌者有子，根白微毒，入藥當用雌者。……木高丈餘，葉密如槐而長，三、四月開花，紅紫色，芬香滿庭，實如彈丸，生青熟黃，十二月采之，根采無時。……楝長甚速，三五年即可作椽。……」書中所說的練物應該是指生絲的精練去膠作用，其餘記述的功用，多為醫藥及建材用途。

苦楝花呈淡紫色，有特殊的芳香

苦楝結果

清代所編的《諸羅縣志》、《淡水廳志》及《彰化縣志》皆有提到苦楝，然而記載的內容不出《本草綱目》記述的範圍。《台灣通史》載有「楝俗稱苦楝，以子苦也，晚春開花，朵小色絳，一穗數十朵，植之易長，材可製器。」

日人山崎青樹所著的《草木染染料植物圖鑑》中即列有「栴檀」一種，日名「栴檀」即苦楝，台灣低海拔處處可見，實為極方便取得的染料植物。

染色記事：

　　小時候，我們的園子裡長了幾棵苦苓，村子裡的小路上也到處可見它的身影，每到夏天，大夥兒總是採著一堆苦苓子當子彈，用小竹管和竹筷子做空氣槍，就這樣你追我跑地打起野戰遊戲來。後來，我們才知道苦苓又叫苦楝，它是一種生長速度很快的建材，我們家的床板和衣箱都是用苦楝做成的。但是不知道為什麼，後來村裡的苦楝變少了，村民園子裡的楝樹也都不再保留，馬路邊的野生楝樹也不斷消失，現在回想起來，這應該和柳安合板的興起有莫大的關係。

　　數年前，我看日本人用苦楝葉染出漂亮的顏色，就常想起小時候在楝樹下遊戲的歡樂情景，那種對兒時故鄉的記憶，不斷催促著我們去採集試染，染完後，才發現我們染的顏色和日本人染的有些差別，我想這可能因植物生長條件或不同季節所造成的差異吧！

　　苦楝枝葉的染色方法如下：

1. 採集生鮮的枝葉，並以菜刀將它切成細段，加入適量清水，於不鏽鋼鍋中煎煮萃取色素，萃取時間為水沸後三十分，共萃取兩回。

2. 萃取後的染液經細網過濾後，調和在一起作染浴。

3. 被染物先浸透清水，擰乾、打鬆後投入染浴中升溫染色，煮染的時間約為染液煮沸後半小時。

4. 取出被染物，擰乾後進行媒染半小時。

5. 經媒染後的被染物再入原染浴中染色半小時。

6. 煮染之後，取出被染物水洗、晾乾而成。

7. 注意事項：苦楝煎煮後，染液中會有綠色的泥狀沈澱，這是正常的現象，不必將泥狀物倒掉，只要染時不停地攪動，就可以染出均勻的顏色來。

8. 苦楝染色在絲布與棉布的呈色非常相似，但在絲布上顯得要飽和一些。無媒染和鋁、錫媒染皆呈帶綠味的土黃色，而石灰媒染則為略帶橙味的土黃色，銅媒染呈帶綠味的黃褐色，鐵媒染在絲布呈深灰調重的綠褐色，在棉布呈略帶紫味的深灰色。

苦楝葉為羽狀複葉

染材名稱：苦楝枝葉	採集季節：四月	染材用量：500％

染色布樣：蠶絲

染色布樣：棉布

無媒染

日晒堅牢度
★★★★
水洗堅牢度
★★

無媒染

日晒堅牢度
★★★★
水洗堅牢度
★★

石灰

日晒堅牢度
★★★
水洗堅牢度
★★

石灰

日晒堅牢度
★★★★
水洗堅牢度
★★★

醋酸鋁

日晒堅牢度
★★★★
水洗堅牢度
★★

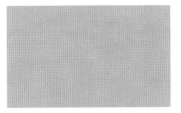

醋酸鋁

日晒堅牢度
★★★★
水洗堅牢度
★★★

醋酸錫

日晒堅牢度
★★★★
水洗堅牢度
★★

醋酸錫

日晒堅牢度
★★★★
水洗堅牢度
★★★

醋酸銅

日晒堅牢度
★★★★
水洗堅牢度
★★★

醋酸銅

日晒堅牢度
★★★★★
水洗堅牢度
★★★★

醋酸鐵

日晒堅牢度
★★★★
水洗堅牢度
★★★★

醋酸鐵

日晒堅牢度
★★★★★
水洗堅牢度
★★★★

【木苧麻】

學　名：*Boehmeria densiflora* Hooker et Arnott
科屬名：蕁麻科苧麻屬
別　名：粗糠殼、山水柳、紅水柳、水柳廣、蝦公鬚、密花苧麻

本土分布：台灣全境之平野、低海拔山區之林緣、山麓、溪谷、山澗到處可見
世界分布：中國東南、菲律賓、日本、琉球、小笠原等地。
用　　途：根、莖藥用
染色取材：枝葉

植物生態：

　　常綠灌木，高約 1 至 3 公尺，常由基部生枝或節上分枝，枝條叢生並向外側伸展或下垂，粗幹褐色，枝條呈暗紅色或淡綠色。全株密生細毛，葉有對生者、有互生者，葉柄短，為紅色或暗紅色，葉片為披針形或卵狀披針形，長約 5 至 20 公分，寬約 2 至 5 公分，先端狹尖，基部圓形，細銳鋸齒緣，明顯葉脈三條，兩面皆被短毛，質感粗澀。雌雄異株，穗狀花序，淺紅色至紅色，腋生。瘦果扁方形。花期為二至五月，果期為十至十二月。

木苧麻的紅色穗狀花序

文獻集解：

　　和長葉苧麻一樣，在過去的文獻中也不曾見過將木苧麻用於染色的記載，但是它在中藥及水土保持上卻具有相當的功效。在《台灣樹木解說（三）》中有「木苧麻是著名的感冒藥，先民利用其根部切片煎湯治療傷風感冒，頗有驗效，俗稱「水柳頭」，本種之繁殖力強，亦可植於坡地保持水土。」而《原色台灣藥用植物圖鑑》中也有如下的效用記載「根及莖有去風、利水、調經之效。治手腳痠痛、腰痠痛、感冒風痛、頭風痛、風溼痛、黃疸、月經不調、月內風。」可見它在醫藥上有其實用性。

　　當我們發現長葉苧麻是良好的紅褐色染材後，才又想到它的近親木苧麻可能也可以用來染色，所以又試做了三回，其染色的效果與長葉苧麻極為相似，然而它在棉的染色上又比長葉苧麻優良，所以應該也是一種可以運用的染料。

染色記事：

　　木苧麻的枝葉皆可用來染色，採集時大約修剪五十公分左右的長度，修後不久，木苧麻即可再長出新芽。其染色方法如下：

1. 將採集的生鮮枝葉以大菜刀將它切成細段，加入適量清水煎煮萃取色素，萃取時間為水沸後半小時，共萃取兩回。

2. 萃取後的染液經細網過濾後，調和在一起作染浴，然後放置二至三天，使之自然氧化。

3. 將浸透清水的被染物擰乾，打鬆後投入染浴中並升溫染色，升溫的速度不宜過快，煮染的時間約為染液煮沸後半小時。

4. 取出被染物，擰乾後進行媒染半小時。

5. 經媒染後的被染物再入原染浴中染色半小時。

6. 煮染之後，被染物不要存放在染鍋中待冷，直接取出水洗、晾乾。

7. 注意事項：

　　a. 木苧麻染色時容易產生染斑，所以染色的過程中要不斷地翻動攪拌。

　　b. 媒染過程中也要不停翻動，尤其是石灰、銅、鐵等三種媒染，必須注意媒染的均勻度，才不會產生深淺不一的色花現象。

8. 木苧麻的呈色效果與長葉苧麻大致相同，皆為紅褐色系，無媒染和錫媒染呈柿色，鋁媒染呈晒柿色，石灰媒染呈紅褐色，而銅媒染呈暗紅褐色，鐵媒染則為帶灰的褐色。

可用於染色的木
苧麻枝葉

染材名稱：木苧麻枝葉	採集季節：八月	染材用量：500％

染色布樣：蠶絲

無媒染

日晒堅牢度
★★★

水洗堅牢度
★★

石灰

日晒堅牢度
★★

水洗堅牢度
★★

醋酸鋁

日晒堅牢度
★★★★

水洗堅牢度
★★

醋酸錫

日晒堅牢度
★★★

水洗堅牢度
★★

醋酸銅

日晒堅牢度
★★★★

水洗堅牢度
★★★

醋酸鐵

日晒堅牢度
★★★★

水洗堅牢度
★★★

染色布樣：棉布

無媒染

日晒堅牢度
★★★

水洗堅牢度
★★★★

石灰

日晒堅牢度
★★

水洗堅牢度
★★★★

醋酸鋁

日晒堅牢度
★★

水洗堅牢度
★★★★

醋酸錫

日晒堅牢度
★★★

水洗堅牢度
★★★★

醋酸銅

日晒堅牢度
★★★

水洗堅牢度
★★★★

醋酸鐵

日晒堅牢度
★★★

水洗堅牢度
★★★★

【 蓖麻 】

學　　名：*Ricinus communis* L.
科屬名：大戟科蓖麻屬
別　　名：牛蜱子草、紅茶蓖、蓖麻子

本土分布：分布於台灣低海拔之曠野、乾河床、山路邊等地，極常見。
世界分布：原產於印度、小亞細亞、北非等熱帶地方，其後各國為工業用油而多所栽培。
用　　途：蓖麻油可供醫藥、油漆、紡織、印染、機械潤滑等用途。
染色取材：枝葉

植物生態：

　　蓖麻為多年生的灌木狀草本植物，高度可達四公尺，莖粗大，中空，節明顯。葉互生，具長葉柄，葉柄可達 60 公分，葉片為掌狀，大形，徑約 20 - 40 公分，有 5 - 9 裂，鋸齒緣，葉脈清晰。四季開花，花為單性，雌雄同株，腋出或頂生之總狀花序，雌花在上，雄花在下。子房三室，蒴果橢圓形，外密生粗刺，初為粉綠，再轉為綠色，熟後呈黑褐色，蒴果長約 2 公分，內藏種子 3 粒，種子光滑，上被暗褐色斑紋。

蓖麻開花結果

文獻集解：

　　蓖麻古稱蓖麻、萆麻或蠟麻。明代《本草綱目》對它有詳細的記載「頌曰：葉似大麻，子形宛如牛蜱，故名，時珍曰蓖麻亦作蠟，蠟，牛虱也，其子有麻點，故名蓖麻。⋯⋯時珍曰：其莖有赤有白，中空，其葉大如瓠葉，每葉凡五尖，夏秋間椏裡抽出花穗，纍纍黃色，每枝結實數十顆，上有刺，攢簇如蝟毛而軟，凡三四子合成一顆，枯時劈開，狀如巴豆，殼內有子，大如豆，殼有斑點，狀如牛蠟，再去斑殼，中有仁，嬌白如續隨子仁，有油，可作印色及油紙，子無刺者良，子有刺者毒。」其中「每葉凡五尖」似乎與現在所見有所出入，其餘論述皆頗詳實。此外，書中還記載著蓖麻的諸多藥效及方劑。

　　鄭元春先生在《特用植物》中稱蓖麻有五種用途「1.種子油中含46-53%的脂肪油，具有不易乾固的特性，且黏度高、酸度低，故除供醫藥、油漆外，還可作紡織、印染用原料。2.嫩葉可敷治腫毒、外痔及皮膚病等。3.莖幹可敷療風溼及跌打損傷。4.種子油是良好的瀉劑。5.紅莖種可栽培供觀賞，也可當花材。」

　　小時候，我們曾經在郊野及乾河床採集過蓖麻仁，當時有人收購以煉製工業用油，據說是作為飛機引擎潤滑油，後來不知為何停止了收購，以後則屢屢在廢耕地及河床上任其自生自滅了。

染色記事：

　　住在台南的編織好友陳明珠知道我們正在進行本土天然染色的研究整理工作後，就主動打電話來，說希望能夠幫我們分攤一些工作，由於我們的工作量實在太大，所以就不客氣地交付一些工作給她。有一天，她來電說想試染蓖麻葉，我們先是遲疑了一會兒，原因是它本來並不在計畫之內，後來我想試試倒也無妨，就請她就近採集試做，幾天後又接到她的電話，喜孜孜地述說她試染的結果。以蓖麻葉染色，這可能是過去大家不曾想過的問題吧！

蓖麻枝葉的染色方法如下：

1. 採集生鮮的柄與葉，並以菜刀將它切成細段，加入適量清水，於不鏽鋼鍋中煎煮萃取色素，萃取時間為水沸後三十分鐘，共萃取兩回。
2. 萃取後的染液經細網過濾後，調和在一起作染浴。
3. 被染物先浸透清水，擰乾、打鬆後投入染浴中升溫染色，升溫的速度不宜過快，煮染的時間約為染液煮沸後半小時。
4. 取出被染物，擰乾後進行媒染半小時。
5. 經媒染後的被染物再入原染浴中染色半小時。
6. 煮染之後，被染物直接取出水洗、晾乾而成。
7. 注意事項：蓖麻全株有毒，種子毒性較大，蓖麻葉所煮的染液也具有毒性，不可誤食。
8. 蓖麻葉染色的色調與苦楝非常接近，無媒染和鋁、錫、石灰媒染皆呈明度較高而略帶綠味的淺土黃色，銅媒染時呈帶綠味的黃褐色，鐵媒染絲布呈黃味的灰色，鐵媒染棉布呈帶黃褐味的深灰色。

秋後蓖麻逐漸落葉，而枝端的蒴果也陸續成熟。

染材名稱：蓖麻枝葉	採集季節：五月	染材用量：500％

染色布樣：蠶絲　　　　　　　　　　　　　　　　染色布樣：棉布

無媒染

日晒堅牢度
★★★★★
水洗堅牢度
★★

無媒染

日晒堅牢度
★★★★
水洗堅牢度
★★

石灰

日晒堅牢度
★★★★
水洗堅牢度
★★★

石灰

日晒堅牢度
★★★
水洗堅牢度
★★★

醋酸鋁

日晒堅牢度
★★★★★
水洗堅牢度
★★★★

醋酸鋁

日晒堅牢度
★★★★
水洗堅牢度
★★★★

醋酸錫

日晒堅牢度
★★★★★
水洗堅牢度
★★★★

醋酸錫

日晒堅牢度
★★★★
水洗堅牢度
★★★

醋酸銅

日晒堅牢度
★★★★★
水洗堅牢度
★★★★

醋酸銅

日晒堅牢度
★★★★
水洗堅牢度
★★★★

醋酸鐵

日晒堅牢度
★★★★
水洗堅牢度
★★★★

醋酸鐵

日晒堅牢度
★★★★
水洗堅牢度
★★★★

【台灣胡桃】

學　　名：*Juglans cathayensis* Dode
科 屬 名：胡桃科胡桃屬
別　　名：野核桃、核桃

本土分布：產於台灣中央山脈 1200-2200 公尺間的闊葉樹林中
世界分布：分布於北半球之溫帶
用　　途：木材為家具及裝飾工藝材料、種仁可食、全株皆可為藥用
染色取材：枝葉、果皮、樹皮

植物生態：

　　台灣胡桃為落葉性大喬木，幹皮淺灰褐色，有縱向淺溝裂，其木材頗堅實，心材呈紅褐夾紫黑之紋路，是很著名的傢具工藝材料。小枝具有階段狀髓心，葉為大型之奇數羽狀複葉，叢生於枝端，總葉柄有密毛。小葉對生， 13 - 17 枚，長橢圓形，先端尖，長約 6 - 15 公分，細鋸齒緣。雄花腋生，荑黃花序，下垂如一條條小蟲，雌花生於幼枝頂端，簇生為穗狀花序。核果橢圓形，長約 5 - 6 公分，外果皮肉質，內果皮堅硬，具縱溝與皺紋，先端尖，淺褐色，內藏種仁，味香可口。果皮、枝葉皆可染色。

文獻集解：

胡桃又稱羌桃、核桃。《本草綱目》記載「頌曰：此果本出羌胡，漢時張騫使西域，始得種還，植之秦中，漸及東土，故名之。時珍曰：此果外有青皮肉包之，其形如桃，胡桃乃其核也，羌音呼核如胡，名或以此。或作梵書，名播羅師。……胡桃樹高丈許，春初生葉，長四、五寸，微似大青葉，兩兩相對，頗作惡氣，三月開花如栗花，穗蒼黃色，結實至秋如青桃狀，熟時漚爛皮肉，取核為果，人多以櫸柳接之……。」已將胡桃來源及其主要生態介紹得很深入，同書並記載許多方劑而外，還有「青胡桃皮苦、澀、無毒，染鬚及帛，皆黑。」及「皮止水痢，春月研皮汁，沐頭至黑，煎水可染褐。」可見當時已有使用核桃果皮、樹皮取汁來染鬚鬢及布帛的事實。

台灣胡桃結果　　　　　　黃英明　攝

趙豐在《紡織與礦冶志》書中，關於古代染料植物裡也列有「胡桃」一項，其「色素存在於皮，所染色澤為黑。」

曬乾後的台灣胡桃果皮

染色記事：

　　我們在雲貴山區考察時，經常會見到高逾十多公尺的大胡桃樹，也會在大小集場中見到一布袋一布袋的胡桃果，胡桃在雲貴高原生長的普遍，簡直就如台灣看榕樹一般的常見。

　　有一回，我們到一個彝族村子採訪，接待的主人熱情的伸手來和我們握手，我們看到他兩個手掌和十支手指都變成漆黑色，以為他得了什麼怪病，經過詢問之後，才得知主人家當時正忙於剝取胡桃堅果，才將雙手染得烏黑，我們問他染上的顏色容易掉否？他說要過很久才會慢慢洗掉。從那天起，我就對胡桃果皮染黑的效力深信不疑，也希望有機會試試枝葉或樹皮的染色效果。

　　前年，好友黃英明先生帶我們到中橫北段的思源埡口和武陵農場一帶採集，途中見到許多台灣胡桃的蹤跡，我們發現野生的胡桃結果率非常的低，想要用它的果皮染色有實際的困難，後來我們採了一些枝葉回來試染，沒想到所有的試片都呈現出很高的色彩濃度。

胡桃的枝葉染色方法如下：

1. 採集生鮮的枝葉，並以菜刀將它切成細段，加入適量清水，於不鏽鋼鍋中煎煮萃取色素，萃取時間為水沸後三十分鐘，共萃取兩回。
2. 萃取後的染液經細網過濾後，調和在一起作染浴。
3. 被染物先浸透清水，擰乾、打鬆後投入染浴中升溫染色，升溫的速度不宜過快，煮染的時間約為染液煮沸後半小時。
4. 取出被染物，擰乾後進行媒染半小時。
5. 經媒染後的被染物再入原染浴中染色半小時。
6. 煮染之後，被染物直接取出水洗、晾乾而成。
7. 注意事項：染液萃取之後，液面會產生一層薄膜，染色前先用抹布拭去，以免影響染布的均勻度。
8. 以胡桃枝葉染色，在絲布與棉布上皆呈褐色調，但絲布的彩度稍高，而棉布的彩度和明度都很低。就絲布來說，無媒染和鋁、錫、石灰、銅媒染皆呈濃度較高的黃褐色，其中以石灰和銅媒染者稍深濃些，而鐵媒染的明度、彩度更低，為暗黃褐色。就棉布來說，無媒染和鋁、錫、石灰、銅媒染皆呈暗茶褐色，其中也以石灰和銅媒染者稍深濃些，鐵媒染則已接近黑色，為帶暖色味的黑褐色。

台灣胡桃枝葉

染材名稱：台灣胡桃枝葉	採集季節：六月	染材用量：400％

染色布樣：蠶絲

無媒染

日晒堅牢度
★★★★
水洗堅牢度
★★

石灰

日晒堅牢度
★★★★★
水洗堅牢度
★★

醋酸鋁

日晒堅牢度
★★★★
水洗堅牢度
★★

醋酸錫

日晒堅牢度
★★★★
水洗堅牢度
★★

醋酸銅

日晒堅牢度
★★★★★
水洗堅牢度
★★

醋酸鐵

日晒堅牢度
★★★★★
水洗堅牢度
★★★

染色布樣：棉布

無媒染

日晒堅牢度
★★★★
水洗堅牢度
★★★

石灰

日晒堅牢度
★★★★
水洗堅牢度
★★★

醋酸鋁

日晒堅牢度
★★★★
水洗堅牢度
★★★

醋酸錫

日晒堅牢度
★★★★
水洗堅牢度
★★★

醋酸銅

日晒堅牢度
★★★★★
水洗堅牢度
★★★

醋酸鐵

日晒堅牢度
★★★★★
水洗堅牢度
★★★★

大地之華

【鳳凰木】

學　　名： *Delonix regia* (Boj.) Raf.
科 屬 名： 蘇木科鳳凰木屬
別　　名： 紅花楹樹、火樹、鳳凰樹

本土分布： 台灣各地公園、庭院普遍種植，中南部尤多
世界分布： 原產於非洲馬達加斯加島，現在熱帶地區已廣為栽植。
用　　途： 行道樹、庭園樹
染色取材： 枝葉、幹材

植物生態：

　　鳳凰木為落葉性的高大喬木，樹冠呈傘狀，枝伸展或下垂，幹粗壯，基部常形成板根，樹皮粗糙，灰褐色。葉為二回偶數羽狀複葉，羽片 10 - 20 對，各羽片有小葉 20 - 40 對，小葉頂端鈍，基部歪斜。花為頂生或腋生之總狀花序，萼五深裂；花大而多，朱紅色或大紅色，上有黃及白色斑點，盛開時全樹通紅，狀如烈焰。莢果因木質化而堅硬，呈深褐色，長 30 - 50 公分，形如彎刀，內具多粒種子。花期為 5 - 8 月，果期為 9 - 2 月。

文獻集解：

台灣原不產鳳凰木，所以在早年的志書上並無相關的記載。由邱年永、張光雄先生共著的《原色台灣藥用植物圖鑑3》一書中，記載著「台灣最初於1897年馬達加斯島人寄贈。今全境各地普遍為庭園、行道樹栽培。」由此可見鳳凰木引進至今不過百年左右。

雖然引進的時間並不長，但它繁殖和生長的速度卻很快，並且普遍地進駐大部分的校園，使它成為台灣學子非常重要的共同記憶，各級學校每年夏天鳳凰花開之際，正是畢業驪歌響起之時，怒放的豔紅鳳凰花也因校園中的離情依依，而沾染了絲絲離愁。在植物分類上，鳳凰木屬於蘇木

鳳凰木為二回偶數羽狀複葉

鳳凰木莢果型如彎刀

科，因許多蘇木科植物都含有色素，所以雖然以往的文獻中並不曾見到鳳凰木用以染色的記載，但我們還是將它列為試驗的對象，結果以枝葉與幹材的染色，就呈現出不太一樣的色調。

染色記事：

　　記得小學五、六年級的時候，教室前面幾棵鳳凰木的枝幹因颱風而受傷，傷口上流出一股濃濃的黑褐色汁液，這汁液居然引來了成群的黃蜂和虎頭蜂，許多調皮的同學都拿掃帚去逗弄它們，有好幾位還被釘得鼻青眼腫，這齣人蜂大戰的童年遊戲，至今還鮮活地記在心裡。

　　後來我才知道，原來植物受傷的枝幹流出的汁液，就是為了修補自己的傷口，以免細菌大量侵入而破壞其他的組織。樹液之中含有多種成份，其中有些成份和蛋白質或金屬鹽結合後便產生發色，這些發色變化是非常微妙的，不同的植物種類會產生不同的色彩變化，值得我們嘗試應用。

　　鳳凰木的小枝葉和粗枝幹的色素有些差異，使用細枝葉所染的顏色皆呈黃褐色調，而使用粗枝幹所染的皆呈紅褐色調。其染色方法如下：

1.採集生鮮的枝葉，並以菜刀將它切成細段，加入適量清水，於不鏽鋼鍋中煎煮萃取色素，萃取時間為水沸後二十分，共萃取兩回。若以枝幹染色，則應先將它刨成薄片或以柴刀削成細片後，再加水煎煮萃取，可萃取三至四回。
2.萃取後的染液經細網過濾後，調和在一起作染浴。
3.被染物先浸透清水，擰乾、打鬆後投入染浴中升溫染色，升溫的速度不宜過快，煮染的時間約為染液煮沸後半小時。
4.取出被染物，擰乾後進行媒染半小時。
5.經媒染後的被染物再入原染浴中染色半小時。
6.煮染之後，被染物直接取出水洗、晾乾而成。
7.以鳳凰木染色，在絲布與棉布的呈色是非常一致的，只在明度和彩度上有些許的差別而已。以枝葉的染色來說，無媒染和鋁、錫、石灰媒染皆呈中明度的黃褐色，其中以石灰媒染稍稍深些，其餘都很接近。銅媒染呈較濃的黃褐色，鐵媒染呈略帶灰味的黃褐。以粗枝幹的染色來說，絲布的呈色稍紅些，無媒染和鋁錫媒染皆呈中明度的紅褐色，石灰和鐵媒染呈色稍濃些，亦為紅褐色，銅媒染呈濃度更高的深紅褐色。

冬季鳳凰木的幹材染色效果良好

染材名稱：鳳凰木枝葉	採集季節：五月	染材用量：500％

染色布樣：蠶絲

無媒染

日晒堅牢度
★★★
水洗堅牢度
★★★

石灰

日晒堅牢度
★★★
水洗堅牢度
★★

醋酸鋁

日晒堅牢度
★★★
水洗堅牢度
★★

醋酸錫

日晒堅牢度
★★★
水洗堅牢度
★★

醋酸銅

日晒堅牢度
★★★★★
水洗堅牢度
★★★★

醋酸鐵

日晒堅牢度
★★★
水洗堅牢度
★★

染色布樣：棉布

無媒染

日晒堅牢度
★★★
水洗堅牢度
★★★

石灰

日晒堅牢度
★★★
水洗堅牢度
★★★★

醋酸鋁

日晒堅牢度
★★★
水洗堅牢度
★★★★

醋酸錫

日晒堅牢度
★★★
水洗堅牢度
★★★

醋酸銅

日晒堅牢度
★★★
水洗堅牢度
★★★★

醋酸鐵

日晒堅牢度
★★★★
水洗堅牢度
★★★★

大地之華

| 染材名稱：鳳凰木枝幹 | 採集季節：十二月 | 染材用量：500％ |

染色布樣：蠶絲

無媒染

日晒堅牢度
★★★
水洗堅牢度
★★

石灰

日晒堅牢度
★★
水洗堅牢度
★★

醋酸鋁

日晒堅牢度
★★★
水洗堅牢度
★★

醋酸錫

日晒堅牢度
★★★
水洗堅牢度
★★

醋酸銅

日晒堅牢度
★★★★
水洗堅牢度
★★★

醋酸鐵

日晒堅牢度
★★★★
水洗堅牢度
★★★

染色布樣：棉布

無媒染

日晒堅牢度
★★★★
水洗堅牢度
★★★★

石灰

日晒堅牢度
★★★
水洗堅牢度
★★★

醋酸鋁

日晒堅牢度
★★★★
水洗堅牢度
★★★

醋酸錫

日晒堅牢度
★★★★
水洗堅牢度
★★★★

醋酸銅

日晒堅牢度
★★★
水洗堅牢度
★★★

醋酸鐵

日晒堅牢度
★★★★
水洗堅牢度
★★★

【鬼針草】

學　　名：*Bidnes pilosa* L. var. *radiata* Schultz-Bip.

科　屬　名：菊科鬼針屬

別　　名：咸豐草、白花婆婆針、白花鬼針、黃花霧、蝦鉗草

本土分布：全境平野馴化野生，各處空地幾乎無所不在。

世界分布：原產於熱帶美洲，現廣佈於熱帶及亞熱帶地區。

用　　途：全草可供藥用

染色取材：全株

植物生態：

　一年生的草本植物，莖高約 30 - 100 公分，莖為方形，多分枝。葉對生，單葉或三出複葉，具葉柄，柄上生絹毛，小葉卵形或卵狀披針形，鋸齒緣或深裂，側小葉無柄，基部歪斜，長約 4 - 8 公分，頂小葉葉柄約 2.5 公分，葉片較側葉長。頭狀花序，有長梗，舌狀花為白色，約 4 - 7 枚，筒狀花為黃色，聚生在中央。黑色瘦果線形，四稜，質硬，先端的宿存萼具有倒鉤刺，藉以附著在動物或人身上散播種子。

大花鬼針草

文獻集解：

　　鬼針草為台灣最常見的野生雜草，只要在中海拔以下，路邊、空地、荒溪、河岸、果園等地，到處都可以見到它的蹤跡。這種分布廣泛而生命力強韌的雜草，其實還具有不少功用，全株除了可以當藥材之外，還可以煮成清涼飲料，同時幼嫩的莖葉也可以當野菜食用。

　　唐代陳藏器在《本草拾遺》中謂「鬼鍼草，生池畔，方莖，葉有椏子，作釵腳，著人衣如針，北人謂之鬼針，南人謂之鬼釵。」

　　《原色台灣藥用植物圖鑑1》書中，記載鬼針草的成份為「全草含生物鹼、黃酮苷、鞣質。莖葉含揮發油、膽鹼、苦味質。」在效用上記載「有清熱、解毒、散瘀、消腫之效。治瘧疾、腹瀉、痢疾、肝病、急性腎炎、胃痛、腸癰、咽喉腫痛、跌打損傷、蛇蟲咬傷、闌尾炎。」可見一般農人厭煩不已的鬼針草，在醫藥上還具有不少的用途。

小花鬼針草

染色記事：

　　目前台灣有兩種不同的鬼針草品種，一種植株稍矮，高度約五、六十公分，花朵較小，花徑約一公分多，俗稱小花種或本土種者，另一種植株較壯碩，高度可達一公尺左右，花的直徑約三公分左右，俗稱大花種或外來種者。

　　兩種鬼針草都可以用來染色，但是呈現的顏色有些許差異，整體看來，小花種的黃色素較濃，而大花種的在黃中帶有綠味。不知是因為兩者所含的色素本身就有差異，或是因生長環境的不同而顯現色相上的差別？鬼針草全株皆可用來染色，具體方法如下：

1. 將鬼針草連根拔起，抖去根部泥土後，再用清水洗淨，然後將全株用菜刀切成細段，加入適量清水，於不鏽鋼鍋中煎煮萃取色素，萃取時間為水沸後半小時，共萃取二至三回。
2. 萃取後的染液經細網過濾後，調和在一起作染浴。
3. 被染物先浸透清水，擰乾、打鬆後投入染浴中升溫染色，升溫的速度不宜過快，煮染的時間約為染液煮沸後半小時。
4. 取出被染物，擰乾後進行媒染半小時。
5. 經媒染後的被染物再入原染浴中染色半小時。
6. 煮染之後，被染物直接取出水洗、晾乾而成。
7. 大花鬼針草的染色，就絲布來說，無媒染和鋁、錫媒染皆呈略帶綠味的淺灰黃色，石灰和鐵媒染呈帶綠味的灰黃色，而銅媒染呈更深的綠味褐。就棉布來說，無媒染和石灰、錫媒染皆呈灰味較重的淺土黃色，鋁媒染呈牛皮紙色，銅媒染呈更灰濁的黃褐色，鐵媒染呈帶綠褐味的中灰色。
8. 小花鬼針草的染色，就絲布來說，無媒染和鋁、錫媒染皆呈略帶土黃味的黃色，其中以錫媒染的黃色較明亮些，石灰媒染為稍淺的黃茶色，銅媒染呈略深的黃褐色，鐵媒染呈帶綠味的灰黃色。就棉布來說，無媒染和鋁、錫、石灰媒染的呈色都很相近，其中無媒染和石灰媒染皆呈牛皮紙色，鋁媒染稍稍濃些，而錫媒染的黃味稍強些。銅媒染呈較灰濁的黃褐色，鐵媒染呈帶黃味的深灰色。

大花鬼針草

| 染材名稱：大花鬼針草 | 採集季節：六月 | 染材用量：550％ |

染色布樣：蠶絲

染色布樣：棉布

無媒染

日晒堅牢度
★★★
水洗堅牢度
★★★

無媒染

日晒堅牢度
★★★
水洗堅牢度
★★★★

石灰

日晒堅牢度
★★★
水洗堅牢度
★★★★

石灰

日晒堅牢度
★★
水洗堅牢度
★★★

醋酸鋁

日晒堅牢度
★★★
水洗堅牢度
★★★★

醋酸鋁

日晒堅牢度
★★★
水洗堅牢度
★★★★

醋酸錫

日晒堅牢度
★★★★
水洗堅牢度
★★★★

醋酸錫

日晒堅牢度
★★
水洗堅牢度
★★★★

醋酸銅

日晒堅牢度
★★★★
水洗堅牢度
★★★★

醋酸銅

日晒堅牢度
★★★
水洗堅牢度
★★★★

醋酸鐵

日晒堅牢度
★★★★
水洗堅牢度
★★★★

醋酸鐵

日晒堅牢度
★★★★
水洗堅牢度
★★★★

染材名稱：小花鬼針草	採集季節：七月	染材用量：700％

染色布樣：蠶絲

無媒染

日晒堅牢度
★★★★

水洗堅牢度
★

石灰

日晒堅牢度
★★★★

水洗堅牢度
★

醋酸鋁

日晒堅牢度
★★★★

水洗堅牢度
★

醋酸錫

日晒堅牢度
★★★★

水洗堅牢度
★★

醋酸銅

日晒堅牢度
★★★★

水洗堅牢度
★★

醋酸鐵

日晒堅牢度
★★★★

水洗堅牢度
★★

染色布樣：棉布

無媒染

日晒堅牢度
★★★

水洗堅牢度
★★★

石灰

日晒堅牢度
★★★

水洗堅牢度
★★★

醋酸鋁

日晒堅牢度
★★★

水洗堅牢度
★★★

醋酸錫

日晒堅牢度
★★★

水洗堅牢度
★★★

醋酸銅

日晒堅牢度
★★★★

水洗堅牢度
★★★

醋酸鐵

日晒堅牢度
★★★★

水洗堅牢度
★★★

【龍眼】

學　　名：*Euphoria longana* (Lour.) Steudel
科 屬 名：無患子科龍眼屬
別　　名：龍目、桂圓、圓眼、益智

本土分布： 台灣中、南部及東部低海拔之山坡地與平地為主，台南、南投、高雄、台中、彰化、嘉義、屏東等縣產量較多。

世界分布： 原產於中國福建、廣東，長江以南各省都有栽培，主產於亞洲熱帶及亞熱帶。

用　途： 水果、庭園樹、藥用

染色取材： 枝葉、幹材

植物生態：

　　龍眼為常綠性喬木，樹高可達十多公尺，分枝多而使樹冠呈球形或圓錐形，樹皮茶褐色或灰褐色，粗幹有明顯之縱向裂紋。幼枝被鏽色短毛，葉為偶數羽狀複葉，互生，小葉 2 - 5 對，革質，葉片橢圓形至卵狀披針形，全緣，長約 6 -15 公分，表面為深綠色，有光澤，葉背顏色較淺，為粉綠色。於四月開花，花為頂生或腋生之圓錐花序，花小，黃白色，具香氣，為重要之蜜源。果實於七月下旬起陸續成熟，核果呈球形，果皮為黃褐色，假種皮色白如脂，肉質柔軟多汁，味極甜美，內有種子一粒，球形，黑褐色，具光澤。

龍眼花為重要之蜜源

龍眼於夏季果熟

文獻集解：

　　龍眼性喜溫熱，產於熱帶及亞熱帶，台灣是很理想的生長環境，所以中部和南部的低海拔山區，到處可見其蹤跡。龍眼的栽植很早，先民主要以採食桂圓為主，也有將堅硬的老幹或枯枝燒作木炭之用。早期文獻所記不外乎植物形態及桂圓的作用，從不曾見過有將它用於染色者。

龍眼新葉呈嫩紅色

　　晉代嵇含的《南方草木狀》云：「龍眼樹如荔枝，但枝葉稍小，殼青黃色，形圓如彈丸，核如木梡子而不堅，肉白而帶漿，其甘如蜜，一朵五、六十顆，作穗如蒲萄然。荔枝過即龍眼熟，故謂之荔枝奴，言常隨其後也。」北魏的《齊民要術》記有「廣雅曰：益智龍眼也。廣志曰：龍眼樹葉似荔枝蔓延，緣木生子如酸棗，色黑純甜無酸，七月熟」。清道光十六年修的《彰化縣志》記載「龍眼實有大小二種，殼赤肉白核黑，一名福員，以後荔枝而熟，謂之荔奴，有肉厚而核小者尤佳。」另清同治十年修的《淡水廳志》也有記載「龍眼有數種，大者謂之福員，小者味薄，六七月熟。」

　　《原色台灣藥用植物圖鑑2》在龍眼葉的成分中記有「檞皮素，檞皮苷」，我們據以判斷這植物很可能可以染色，所以就動手嘗試，結果不出所料，順利地發現其黃褐色系的呈色。

染色記事:

　　我們的祖厝在彰化縣社頭鄉的八卦山丘陵下，整個八卦山丘陵，處處是龍眼林，每年到了七、八月間的採收季節，到處可見農人們架著梯子，揹著簍籃，攀援在枝末樹梢的採摘景象。年輕時，作者也曾經歷幾年爬樹採果的經驗，所以對龍眼保有一份難以割捨的情懷。龍眼葉與龍眼果皆密生於枝末，當龍眼採摘下來，小枝上還帶有不少綠葉，綠葉清除之後，堆滿果園樹下。近幾年，當我們著手研究植物染色之後，自然會想起龍眼枝葉是否具有染色效用的問題。經試染之後，發現染色效果不錯，值得在中南部地區推廣。其染色方法如下：

1.將收集的生鮮枝葉以菜刀切成細段，加入適量清水，於不鏽鋼鍋中煎煮萃取色素，萃取時間為水沸後半小時，共萃取兩回。

2.將各回萃取的染液經細網過濾後，調和在一起作染浴。

3.被染物先浸透清水，擰乾打鬆後投入染浴中升溫染色，煮染的時間約為染液煮沸後半小時。

4.取出被染物，擰乾後進行媒染半小時。

5.經媒染後的被染物再入原染浴中染色半小時。

6.煮染之後，將被染物取出水洗、晾乾而成。

7.注意事項：

　　a.修剪龍眼樹所鋸下的枝幹亦可用於染色。

　　b.使用幹材染色時，必先將它削成薄片或以碎木機打成碎片後再進行抽色。

　　c.欲使色調濃暗，可以將染材用量提高。

8.龍眼染色皆呈黃褐色，無媒染與鋁、錫、石灰媒染皆呈淺黃褐色，銅媒染可得深黃褐色，鐵媒染則呈帶灰調的灰黃褐色。

龍眼枝葉

染材名稱：龍眼枝葉	採集季節：六月	染材用量：300％

染色布樣：蠶絲

無媒染

日晒堅牢度
★★★
水洗堅牢度
★★

石灰

日晒堅牢度
★★★
水洗堅牢度
★★

醋酸鋁

日晒堅牢度
★★★
水洗堅牢度
★★

醋酸錫

日晒堅牢度
★★★
水洗堅牢度
★★

醋酸銅

日晒堅牢度
★★★★★
水洗堅牢度
★★★

醋酸鐵

日晒堅牢度
★★★
水洗堅牢度
★★

染色布樣：棉布

無媒染

日晒堅牢度
★★★★
水洗堅牢度
★★

石灰

日晒堅牢度
★★★★
水洗堅牢度
★★

醋酸鋁

日晒堅牢度
★★★★
水洗堅牢度
★★

醋酸錫

日晒堅牢度
★★★★
水洗堅牢度
★★

醋酸銅

日晒堅牢度
★★★★★
水洗堅牢度
★★★★

醋酸鐵

日晒堅牢度
★★★★
水洗堅牢度
★★★★

【 構樹 】

學　　名	：*Broussonetia papyritera* (L.) L'herit. ex Vent.
科 屬 名	：桑科構樹屬
別　　名	：楮樹、鹿仔樹、紙木、楮桑、穀桑

本土分布：台灣全境之平野或山地，海拔二千公尺以下廣見自生。

世界分布：中國、泰國、馬來西亞、日本、印度及太平洋諸島。

用　　途：樹皮用於造紙、樹葉為牲畜飼料、果實可製果醬

染色取材：枝葉、樹皮

植物生態：

　　構樹為落葉性之中喬木或小喬木，小枝密生短毛，莖葉含乳汁，皆被長毛。葉互生，葉柄長 3 - 10 公分，葉片為心狀卵形，先端銳尖，粗鋸齒緣，紙質，幼葉呈 3 - 5 深裂。雌雄異株，初夏開花，雄花為腋生之柔荑花序，呈圓柱形，雌花為球形的頭狀花序，果實為球形聚合果，直徑約 2 公分，夏末成熟，熟時各小果迸開，呈現橙紅色。

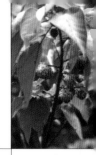

文獻集解：

　　構樹古稱「穀」、「楮」，《
詩經小雅鶴鳴》有「樂彼之園
，爰有樹檀，其下維穀」之句
，意思是那園中有高大的檀樹
，檀樹下也有較低矮的構樹。
檀與構在此被比喻為人才，但
是當時究竟如何運用構樹呢？
卻沒有進一步說明，北魏《齊
民要術》一書對種穀楮有進一

構樹的聚合果熟時呈鮮豔的橙紅色

步的記載「楮宜澗谷種之，地欲極良，……三年便中斫，斫法十二月為上，四
月次之，每歲正月常放火燒，二月中間斸去惡根，移栽者二月蒔之，亦三年一
斫，指地賣者省工而利少，煮剝賣皮者雖勞而利大，自能造紙其利又多，種三
十畝者，歲斫十畝，三年一徧，歲收絹百疋。」從此我們知道北魏時代種楮是
為造紙。楮皮向為造紙主要原料，棉紙又稱楮皮紙，自然非以棉花造紙，而是
取其「纖維潔白如棉」之意。

　　明代《本草綱目》對楮的解說更多，「穀音媾，作構，亦構桑....時珍曰：楮
本作柠，其皮可績為紵，故也，楚人呼乳為穀，其皮中白汁如乳，故以名之。
……弘景曰：此即今構樹也，南人呼穀紙，亦為楮紙，武陵人作穀皮衣，甚堅
好，恭曰：此有二種，一種皮有斑花文，謂之斑穀，今人用皮為冠者，一種皮
白無花，枝葉大相類，但取其葉似葡萄葉，作瓣而有子者為佳，其實初夏生，
大如彈丸，青綠色，至六七月漸深紅色，乃成熟，八九月采，水浸去皮穰，取
中子。段成式西陽雜俎云：穀田久廢必生構，……江南人績其皮以為布，又搗
以為紙，長數丈，光澤甚好，又食其嫩芽，以為菜茹，今楮紙用之最博，楮布
不見有之，醫方但貴楮實，餘亦稀用.。……」從此，我們知道楮的作用更多，
樹皮可績為布、可造紙、可作冠帽，果實可作藥用，嫩芽可作蔬菜。此外，葉
、莖、樹白皮、白汁等皆可入藥。

　　清康熙五十六年所修之《諸羅縣志》在「木之屬」中有如下的敘述「楮，台
名鹿子草，以鹿嗜其枝葉也，別名穀，爾雅：穀，楮也，皮可造紙，晉書王羲
之制窮萬穀之皮，廣州記：蠻彝取穀皮熟搥為揭裏布，鋪以擬氈。」《台灣通
史》也記有「楮俗稱鹿好樹，以鹿好食之，皮以製紙。」

　　古來至此，仍未見有用於染色者。直至民國三十六年孟心如所著的《植物色
素》一書中，才有關於染楮（Broussonetia tinctoria）的記載，但台灣似乎並
無同種植物，所以只能以族群龐大且為同屬的構樹試之，得到的結果雖未臻理
想，但還算差強人意。

染色記事：

　　台灣民間稱構樹為「鹿仔樹」，鹿仔樹的葉子和果子不但鹿愛吃，連豬也喜歡吃它。小時候，作者常和家人到山野採摘鹿仔樹葉，切細煮熟後用以餵豬，乃知道構樹枝葉折斷處皆會流出白色乳汁，這些乳汁滴到灶邊的灰燼就變成濃黃的汁液，這些童年時微不足道的生活細節，卻在往後從事植物染色探索時產生了作用，我會使用構樹試染的因緣在此，童年生活中的苦差事，如今卻變成有用的資源，這那是孩提時所能料及？構樹染色方法如下：

1. 採集生鮮枝葉或樹皮，並以菜刀切成細段，加入適量清水，於不鏽鋼鍋中煎煮
   萃取色素，萃取時間為水沸後二十分，共萃取兩回，樹皮可萃取三至四回。
2. 萃取的染液經細網過濾後，調和在一起作染浴。
3. 被染物先浸透清水，擰乾、打鬆後投入染浴中升溫染色，升溫的速度不宜過快
   ，煮染的時間約為染液煮沸後半小時。
4. 取出被染物，擰乾後進行媒染半小時。
5. 經媒染後的被染物再入原染浴中染色半小時。
6. 煮染之後，被染物可存放在染鍋中待冷，再取出水洗、晾乾即成。
7. 注意事項：
   a. 構樹枝幹都很好剝皮，樹皮中含色素量比葉片更多。
   b. 若欲染得較濃的色調，使用時宜增加染材分量。
8. 無媒染及鋁、石灰、鐵媒染皆呈淺淡的灰黃色，錫媒染呈淡黃，而銅媒染呈偏
   黃味的橄欖綠。

上：構樹的枝葉與樹皮都可以用來染色
左：春季剛長出新葉的構樹

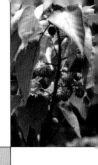

染材名稱：構樹枝葉	採集季節：六月	染材用量：300％

染色布樣：蠶絲

染色布樣：棉布

無媒染

日晒堅牢度
★★★★★
水洗堅牢度
★★

無媒染

日晒堅牢度
★★★★
水洗堅牢度
★★

石灰

日晒堅牢度
★★★★★
水洗堅牢度
★★

石灰

日晒堅牢度
★★★★
水洗堅牢度
★★★

醋酸鋁

日晒堅牢度
★★★★★
水洗堅牢度
★★★

醋酸鋁

日晒堅牢度
★★★★
水洗堅牢度
★★

醋酸錫

日晒堅牢度
★★★★★
水洗堅牢度
★★

醋酸錫

日晒堅牢度
★★★★★
水洗堅牢度
★★

醋酸銅

日晒堅牢度
★★★★★
水洗堅牢度
★★★

醋酸銅

日晒堅牢度
★★★★★
水洗堅牢度
★★★★

醋酸鐵

日晒堅牢度
★★★★★
水洗堅牢度
★★

醋酸鐵

日晒堅牢度
★★★★★
水洗堅牢度
★★★

【 菊 】

學　　名：*Chrysanthemum moritolium* Ramat. var
　　　　sinense Mak.

科 屬 名：菊科菊屬

別　　名：菊仔、黃花、黃英、黃菊、秋菊、家菊

本土分布：彰化、埔里等地有專業作區，全台各地住家普遍栽培。

世界分布：原產於中國與日本，目前世界各國已普遍栽培。

用　　途：插花花材、庭園與花塢植栽、藥用

染色取材：莖葉

植物生態：

　　菊花為多年生的宿根性草本植物，它原產於中國，目前已成為世界各地普遍栽培的觀賞性植物，它的品種很多，植株從數公分以至一公尺多高。莖幹直立，基部有些木質化現象。葉互生，有長柄，葉片有深裂缺刻與鋸齒，葉面綠色，葉背灰綠，厚紙質，莖葉帶有香氣。花著生於莖頂，為頭狀花序，中央為筒狀花，周圍則為舌狀花，外層苞片為綠色，條狀形。花之大小、顏色、形狀富於變化。花徑 18 公分以上者稱大輪種， 9 - 18 公分者稱中輪種， 9 公分以下者稱小輪種。

文獻集解：

　　菊花原產在中國與日本，兩國人民都對菊花情有獨鍾，因而產生了許多和菊花有關的詩詞文學。《禮記・月令》即有「季秋之月，鞠有黃華」之句，其鞠即為今菊。晉代文士陶淵明的詩句「採菊東籬下，悠然見南山」，歷來不知啟發了多少人的超脫情懷，陶淵明因菊花而淡薄名利，菊花因陶淵明而具隱逸象徵。唐代詩人孟浩然有「待到重陽日，還來就菊花」詩句，以記友情深篤。另崔曙有「且欲近尋彭澤宰，陶然共醉菊花杯」之句，用典以寄寓瀟洒情懷。宋代韓琦有「不羞老圃秋容淡，且看黃花晚節香」，亦藉菊花而表人格馨香也。

　　菊花在中醫方劑上的應用亦多，故《本草綱目》對它的記載也頗為深入「……菊花生雍州川澤及田野，正月采根，三月采葉，五月采莖，九月采花，十一月采實，皆陰乾。……時珍曰：菊之品九百種，宿根自生莖葉，花色品品不同，宋人劉蒙泉、范至能、史正志皆有菊譜，亦不能盡收也。其莖有株蔓紫赤青綠之殊，其葉有大小厚薄尖禿之異，其花有千葉單葉，有心無心，有子無子，黃白紅紫，閒色、深淺、大小之別，其

各種不一樣品種的菊花枝葉都可以用來染色

味有甘、苦、辛之辨，又有夏菊、秋菊、冬菊之分，大抵惟以單葉味甘者入藥。……」

　　連橫在《台灣通史》中雖有菊的條目記載，但其述說，仍嫌簡略「菊種有數十，台南較暖，自秋徂春，花開不絕，故有荷花獻歲菊迎年之詩，又有萬壽菊，味劣。」此外，其他早期台灣文獻也很少提到菊花，更別說它在染色上的運用記載。日本山崎青樹氏在他的著作《草木染染料植物園鑑》中曾使用幾種不同的菊花染色，所得的色調皆柔美，也很值得我們學習應用。

大地之華

染色記事：

　　在我們的故鄉彰化縣有個很著名的花卉專業產區，即永靖田尾公路公園，那裡種植許多觀賞性花卉植物，其中尤以菊花的產量最大，花農們為了延長菊花的光照時間，乃在菊花棚上裝設了成千上萬盞燈泡，每到夜晚，即形成一片燈海，那場面非常壯觀眩目。這些生長快速而數量眾多的菊花花材，除了外銷之外，也內銷國內各地。當花店批來花枝之後，必然會先作適當的修枝與去葉整理，整理後必然產生不少殘枝敗葉，這些枝葉都含有黃綠色素，是我們可以加以利用的染料來源。菊花枝葉的染色方法如下：

1. 收集生鮮枝葉，並以菜刀將它切成細段，加入適量清水，於不鏽鋼鍋中煎煮萃取色素，萃取時間為水沸後二十分鐘，共萃取兩回。

2. 萃取的染液經細網過濾後，調和在一起作染浴。

3. 被染物先浸透清水，擰乾打鬆後投入染浴中升溫染色，升溫的速度不宜過快，煮染的時間約為染液煮沸後半小時。

4. 取出被染物，擰乾後進行媒染半小時。

5. 經媒染後的被染物再入原染浴中染色半小時。

6. 煮染之後，被染物可以存放在染鍋中待冷，冷後取出水洗、晾乾而成。

7. 注意事項：

　　a. 菊的染色除使用花店廢棄的莖葉之外，還可以使用廢棄的花朵作染材，唯花店丟棄的舊花朵量少，若要較多的分量，可以至各城市的花卉拍賣市場收集。

　　b. 若使用花朵染色，其染材分量可以降低些。

8. 菊的枝葉染色皆呈帶綠味的黃色調，無媒染和鋁媒染呈略帶綠味的淺黃色，石灰與鐵媒染的綠味稍多些，錫媒染呈較亮的淺黃，而銅媒染則呈中明度的黃綠，是菊花枝葉染色效果最顯著者。

菊花的枝葉可以染出帶綠味的黃色調

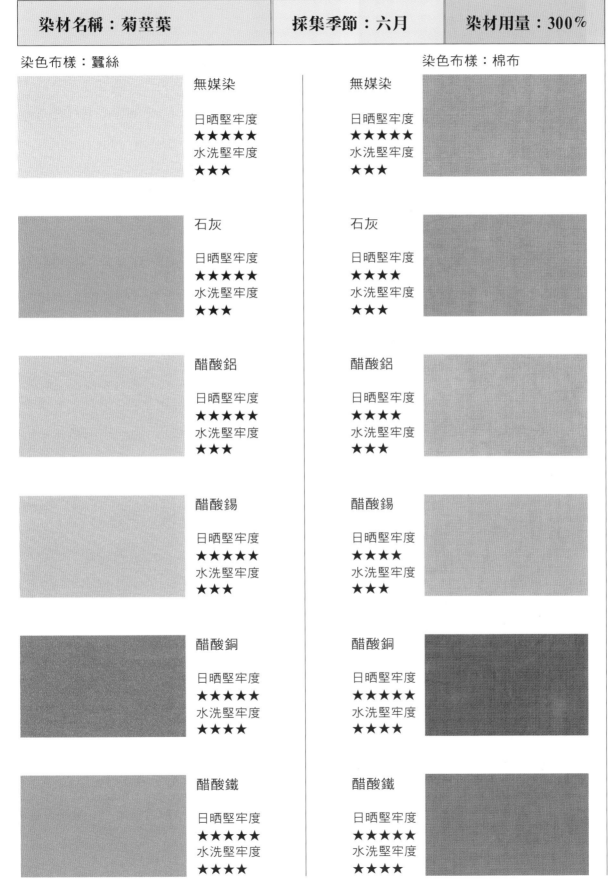

染材名稱：菊莖葉	採集季節：六月	染材用量：300％

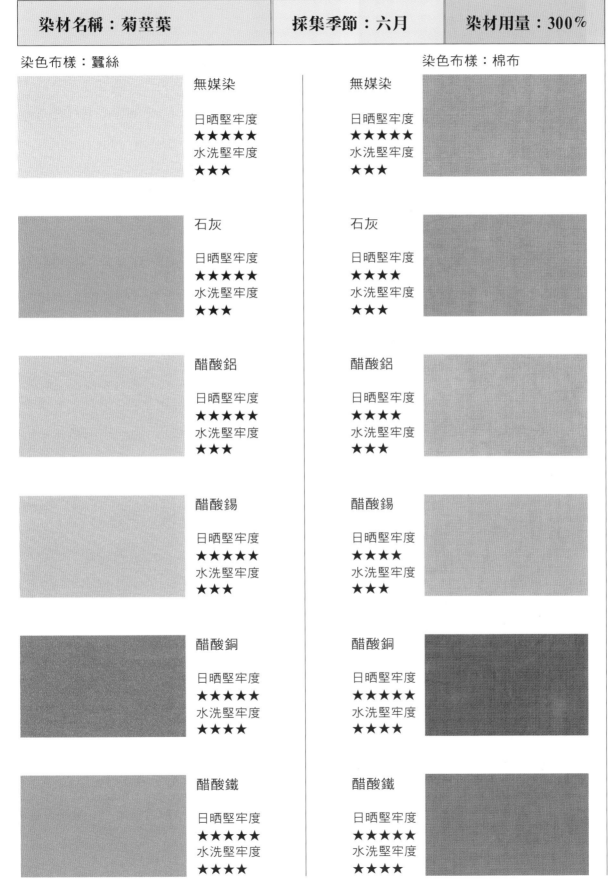

染色布樣：蠶絲

染色布樣：棉布

無媒染

日晒堅牢度
★★★★★
水洗堅牢度
★★★

無媒染

日晒堅牢度
★★★★★
水洗堅牢度
★★★

石灰

日晒堅牢度
★★★★★
水洗堅牢度
★★★

石灰

日晒堅牢度
★★★★
水洗堅牢度
★★★

醋酸鋁

日晒堅牢度
★★★★★
水洗堅牢度
★★★

醋酸鋁

日晒堅牢度
★★★★
水洗堅牢度
★★★

醋酸錫

日晒堅牢度
★★★★★
水洗堅牢度
★★★

醋酸錫

日晒堅牢度
★★★★
水洗堅牢度
★★★

醋酸銅

日晒堅牢度
★★★★★
水洗堅牢度
★★★★

醋酸銅

日晒堅牢度
★★★★★
水洗堅牢度
★★★★

醋酸鐵

日晒堅牢度
★★★★★
水洗堅牢度
★★★★

醋酸鐵

日晒堅牢度
★★★★★
水洗堅牢度
★★★★

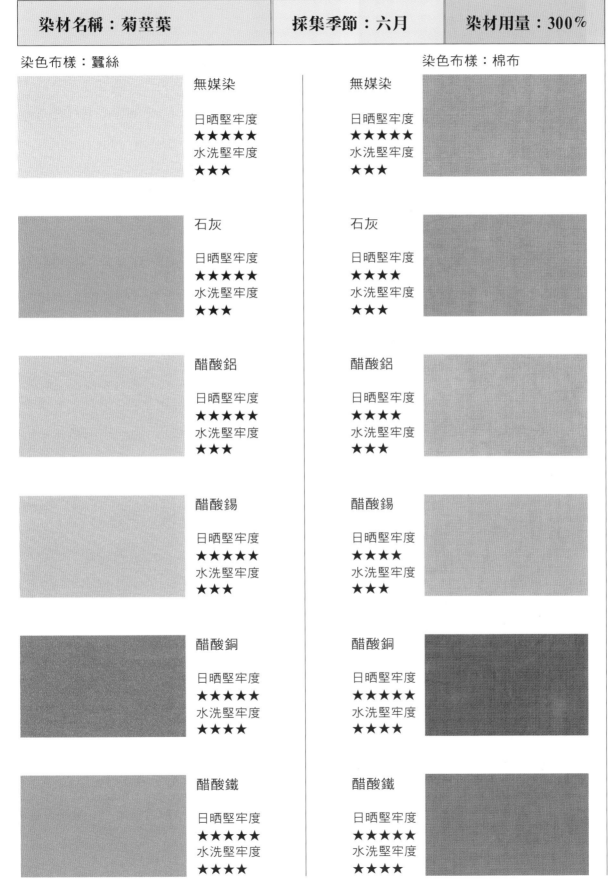

大地之華

【 垂柳 】

學　　名：*Salix babylonica* Linn.

科 屬 名：楊柳科柳屬

別　　名：柳、楊柳、垂絲柳、垂枝柳、清明柳

本土分布：台灣各地普遍栽培

世界分布：中國華中、華南

用　　途：行道樹、園景樹、莖皮及根和葉均可入藥用、柳條可編籃

染色取材：枝葉、樹皮

植物生態：

　　垂柳為落葉性之喬木，株高可達 15 公尺，主幹粗大，灰褐色。柳枝細長，柔軟下垂，紅褐或紅紫色。葉互生，葉片為線狀披針形，具細鋸齒緣。雌雄異株，花序為葇荑花序，雄花序長約 2－4 公分，雌花序約 2 公分。蒴果為狹圓錐形，綠褐色，熟時二裂。

細長如眉的柳葉　　　　　　　　　　　　垂柳樹皮可以染出漂亮的銀灰色

文獻集解：

　　古人即愛植柳，柳蔭可以乘涼，柳根可以護堤，柳枝可以當圍籬，柳條可以編製筐筍簍籃。此外，古人在離別時常有折柳相贈以示長相思念之意，更使細柔的楊柳充滿了感性與離情。《詩經‧小雅》有「昔我往矣，楊柳依依」之句，帶引潘岳捻出「綠池泛淡淡，青柳何依依」的佳句。唐詩以柳寫景、以柳寫情的詩句尤多，如王昌齡的「忽見陌頭楊柳色，悔教夫婿覓封侯」、王之渙的「羌笛何須怨楊柳，春風不度玉門關」、白居易的「芙蓉如面柳如眉，對此如何不淚垂」、杜甫的「江頭宮殿鎖千門，細柳新蒲為誰綠」等等，可謂琳瑯滿目，風情萬種。

　　明《本草綱目》對楊柳也有不少記載「……時珍曰：楊枝硬而揚起，故謂之楊，柳枝弱而垂流，故謂之柳，蓋一類二種也，……按說文云：楊，蒲柳也，從木，易聲；柳，小楊也，從木，丣聲……爾雅云：楊，蒲柳也，旄，澤柳也，檉，河柳也，觀此，則楊可稱柳，柳亦可稱楊，故今南人皆併稱楊柳。」又「時珍曰：楊柳縱橫倒順插之皆生，春初生荑荑，即開黃蕊花，至春晚葉長成後，花中結細黑子，蕊落而絮出，如白絨，因風而飛。……」

　　《台灣通史》中雖有提及，但失之簡略，只說「柳有水柳、垂柳數種」八字而已。二十世紀前葉，杜燕孫氏曾提到柳皮可以染褐色。另外，日本的《日本草木染譜》也記有「（柳）成為染色材料是樹皮，秋冬之間剝皮晒乾、收藏，熱煎後得到濃液再浸染，發色以石灰水可得褐色，以鐵得青味的灰黑色。」

染色記事：

　　十多年前，我們剛接觸天然染色時，王勝男老師曾給我們柳皮試染，結果染出了很美的銀灰色。而如今台灣栽植的柳樹雖然不少，但多數都是觀賞的路樹或庭園樹，怎可輕易剝皮？後來我們查了《原色台灣藥用植物圖鑑5》一書，上有「枝葉及樹皮含鞣質」之說，我想既然枝葉和樹皮皆含鞣質，如果不用樹皮而改用枝葉應該也可以染出好顏色，所以當公園柳樹進行修枝時，我們的助手就迫不及待地將它拖回來染色，結果雖沒有得到銀灰色，卻也染出了優美的黃褐色系。

　　柳樹枝葉與樹皮因含有單寧酸而可以染色，單寧酸可以分為五倍子質單寧及兒茶質單寧兩類，柳樹屬於兒茶質單寧。具體染法如下：

1.採集生鮮枝葉，並以菜刀將它切成細段，加入適量清水，於不鏽鋼鍋中煎煮萃取色素，萃取時間為水沸後三十分鐘，共萃取三回。
2.萃取的染液經細網過濾後，調和在一起並使之降溫作染浴。
3.被染物先浸透清水，擰乾、打鬆後投入染浴中緩慢升溫染色，煮染的時間至少半小時以上。
4.取出被染物，擰乾後進行媒染半小時。
5.經媒染後的被染物再入原染浴中染色半小時以上。
6.煮染之後，被染物可浸放在染鍋中待冷，浸後取出水洗、晾乾即可。
7.注意事項：若使用柳樹皮萃取色素，則萃取的次數可以增加至四～五回。
8.無媒染及錫媒染皆呈淺褐色，鋁媒染呈土黃色，石灰媒染呈中明度肌膚色，銅媒染呈深褐色，鐵媒染呈帶灰味的黃褐色。

楊柳枝葉

染材名稱：垂柳枝葉	採集季節：七月	染材用量：300％

染色布樣：蠶絲

無媒染

日晒堅牢度
★★★★★
水洗堅牢度
★★

石灰

日晒堅牢度
★★★★
水洗堅牢度
★★★

醋酸鋁

日晒堅牢度
★★★★★
水洗堅牢度
★★★

醋酸錫

日晒堅牢度
★★★★★
水洗堅牢度
★★★

醋酸銅

日晒堅牢度
★★★★★
水洗堅牢度
★★★★

醋酸鐵

日晒堅牢度
★★★★★
水洗堅牢度
★★

染色布樣：棉布

無媒染

日晒堅牢度
★★★★★
水洗堅牢度
★★

石灰

日晒堅牢度
★★★★
水洗堅牢度
★★★

醋酸鋁

日晒堅牢度
★★★★
水洗堅牢度
★★★★

醋酸錫

日晒堅牢度
★★★★
水洗堅牢度
★★★

醋酸銅

日晒堅牢度
★★★★
水洗堅牢度
★★★★

醋酸鐵

日晒堅牢度
★★★★★
水洗堅牢度
★★★

大地之華

【九芎】

學　　名：Lagerstroemia subcostata Koehne
科屬名：千屈菜科紫薇屬
別　　名：拘那花、苞飯花、九荊、南紫薇、猿滑

本土分布：台灣產於平地以至海拔 1400 公尺之山區
世界分布：中國、日本、琉球、台灣
用　　途：建築、枕木、農具、柴薪、染料、行道樹、庭園樹
染色取材：枝葉、樹皮
植物生態：

　　九芎為落葉性之喬木，樹幹外皮具剝落性，故枝幹皆光滑，嫩枝、葉、花序皆有茸毛。葉互生或近對生，具短柄，葉片呈橢圓形或卵形，先端尖銳，基部鈍或圓，全緣，葉長約 3 - 9 公分，寬約 2 - 4 公分。花序為圓錐花序，頂生，花密生，淡黃色，花瓣 5 - 6 枚，呈縐縮狀。蒴果長橢圓形，熟時為褐色，種子小而具狹翼。

文獻集解：

九芎樹最明顯的特徵就在於它光滑的樹皮，日本人稱九芎為「猿滑」，意思是連猿猴也會從樹上滑跌下來。九芎又名九荊、拘那花、苞飯花，清代《植物名實圖考》記有「拘那花，山中小兒取其花苞食之，味淡微苦，有清香，故名苞飯花。」

清康熙三十五年刻本的《台灣府志》記有「九芎，燒柴之最者，村落草屋用為豎柱。」在《台灣府葛瑪蘭廳志‧物產》則記「炭：內山掘窯，砍木燒之，以石楠、九荊木為佳，他木次之。」這說明了台灣早期使用九芎主要是為燒柴、燒炭及構屋立柱之用。

九芎枝幹光滑，故有猿滑之名

九芎枝葉

九芎開花

染色記事：

　　早期文獻中雖未曾見過以九芎染色的記載，但我們有兩次田野調查的經驗卻值得一提，其一為：我們新店家對面的山頭上，有位鐘老先生，他說他小時候見過一位來山區教導農民植物染色的日本人，聽說是研究植物染色的專家，從他口中得知一些材料及染法，但因為當時自己年紀還小，所以並無法牢記所有材料，不過，以「九芎染黑」卻是永遠不會忘的，不但當時見大人染過，後來自己也曾試過，覺得效果很不錯。

　　其二為：我們前年在信義鄉雙龍部落認識一位布農族的織布能手，她告訴我們幾種常用的傳統染料植物，其中用以染黑的材料即是九芎，她們用杵臼將九芎生葉搗出汁液，然後將苧麻線放入木臼中輕輕搥打染色，染好之後再將麻線送到名叫「黑黑山」的山澗裏浸泡污泥，經過一兩天後麻線就變成了黑色。我們在少數民族地區跑了不少地方，經常碰到類似的染法，有些地方將浸泡污泥的染法稱之為「泥染」，事實上比較正確的說法應該是「泥媒染」，因污泥中含有多量鐵鹽成份，能使吸收單寧的纖維轉變成黑色。這麼說來，九芎必含有多量單寧，後來我們從《原色台灣藥用植物圖鑑1》中證實了九芎葉確實含有百分之十五左右的單寧。

　　九芎為落葉性植物，台灣在九月以後即開始陸續落葉，所以要用樹葉染色的話，最好選在枝葉茂密的七、八月間進行染色。其染色方法如下：

1. 採集生鮮枝葉，並以菜刀將它切成細段，加入適量清水，於不鏽鋼鍋中煎煮萃取色素，萃取時間為水沸後半小時，共萃取二至三回。
2. 萃取的染液經細網過濾後，調和在一起並使之降溫作為染浴。
3. 被染物先浸透清水，擰乾、打鬆後投入染浴中緩慢升溫染色，煮染的時間至少半小時以上。
4. 取出被染物，擰乾後進行媒染半小時。
5. 經媒染後的被染物再入原染浴中染色半小時。
6. 煮染之後，被染物可以浸放在染鍋中待冷，浸後取出水洗、晾乾即可。
7. 注意事項：
    a. 九芎樹皮也可以用來染色，唯其樹皮皮層不厚，且剝皮不易，不如採集枝葉來得方便。
    b. 為得深灰或黑色，可於染色之後，再以鐵媒染劑重覆媒染之。
8. 九芎染色除銅媒染顏色較深外，無媒染及鋁、錫、石灰媒染皆呈略帶綠味的土黃色，銅媒染呈較深的綠味土黃，鐵媒染則呈帶灰的黃褐或暖灰色。

染材名稱：九芎枝葉	採集季節：七月	染材用量：750％

染色布樣：蠶絲

無媒染

日晒堅牢度
★★★★

水洗堅牢度
★

石灰

日晒堅牢度
★★★★

水洗堅牢度
★

醋酸鋁

日晒堅牢度
★★★★

水洗堅牢度
★

醋酸錫

日晒堅牢度
★★★★

水洗堅牢度
★

醋酸銅

日晒堅牢度
★★★★★

水洗堅牢度
★★★

醋酸鐵

日晒堅牢度
★★★★

水洗堅牢度
★★

染色布樣：棉布

無媒染

日晒堅牢度
★★★★

水洗堅牢度
★★

石灰

日晒堅牢度
★★★★★

水洗堅牢度
★★★

醋酸鋁

日晒堅牢度
★★★★

水洗堅牢度
★★

醋酸錫

日晒堅牢度
★★★★

水洗堅牢度
★★

醋酸銅

日晒堅牢度
★★★★★

水洗堅牢度
★★★

醋酸鐵

日晒堅牢度
★★★★★

水洗堅牢度
★★★

【杜鵑花】

學　　名：*Rhododendron spp.*
科屬名：杜鵑花科杜鵑花屬
別　　名：滿山紅、映山紅、躑躅、山躑躅

本土分布： 全台各地皆有栽植及野生者
世界分布： 北半球寒帶、溫帶、馬來半島、亞洲南部高山、中國以至新幾內亞
　　　　　　 及澳洲皆有分布。
用　　途： 培植觀賞、花及果可入藥。
染色取材： 枝葉

植物生態：

　　杜鵑花為常綠或落葉之灌木，品系繁多，葉形多樣，有卵圓形、橢圓形、披
針形等，枝葉有些被有茸毛，有些則光滑無毛。葉片之大小、厚薄、質地也有
多種不同的差異。春至夏季開花，花冠有漏斗形、鐘形、管形、盤形等種，花
形有單瓣與重瓣之分。花色有白、紅、粉紅、黃、紫、紅點等多種。

每年春季,正是杜鵑花盛開之時。

文獻集解:

　　杜鵑花古稱躑躅或山躑躅,是著名的觀賞性植物,它的品種很多,分布的區域廣泛,在寒帶、溫帶、亞熱帶、熱帶皆有適合生長的品種。不論野生或栽植者,台灣各地都可見到它的蹤跡。

　　清代方以智的《物理小識》中記有「杜鵑花即躑躅類,有大紅、粉紅、黃者,千葉可珍,喜陰畏油煙,映山紅有紅白深淺,皆單葉,紅者取汁可染。」另外,清康熙五十六年修的《諸羅縣志》記有「杜鵑一名山躑躅,大紅名送春,淺紅名迎春,平泉花木記紫躑躅,即此也,開放滿叢,豔麗奪目。」連橫在《台灣通史・卷二十八虞衡志》上載有「杜鵑,雞籠山上野生頗多,開時如火。」及「山躑躅,花較杜鵑而小,色紅,苗栗山中野生極多。」

　　李幸祥先生在《台灣藥草事典》中稱羊躑躅「別名山躑躅、黃杜鵑、羊不食草....客家語稱羊仔不食草....」為何號稱「見青就吃」的羊仔不吃它呢?原來杜鵑「味辛,有大毒」。鄭元春先生在《有毒植物》一書上亦將杜鵑列入,並載「有毒部位:全株,花、葉毒性較強。中毒症狀:人畜誤食,會產生噁心、嘔吐、血壓下降、呼吸抑制、昏迷及腹瀉等症狀。」雖然如此,但它仍可當鎮痛劑、驅蟲劑及外傷藥。

　　日本《染料植物譜》有「奈良地方以山躑躅之葉煎汁當染料。」的記載。

染色記事：

我們台北盆地周邊山區到處都有野生的山杜鵑，所以就近採集試染，所得的結果頗令人欣喜。

多數的杜鵑都會有落葉期，所以要採集杜鵑枝葉必須選夏秋之間，如果採集季節太早，則染出的顏色較淡且色調偏黃，如果能讓葉子成熟些，所染的色彩濃度自然會增高。其染色方法如下：

1.採集生鮮枝葉，並以菜刀將它切成細段，加入適量清水，於不鏽鋼鍋中煎煮萃取色素，萃取時間為水沸後半小時，共萃取二至三回。

2.萃取後的染液經細網過濾後，調和在一起作染浴。

3.被染物先浸透清水，擰乾、打鬆後投入染浴中升溫染色，升溫的速度不宜過快，煮染的時間約為染液煮沸後半小時。

4.取出被染物，擰乾後進行媒染半小時。

5.經媒染後的被染物再入原染浴中染色半小時。

6.煮染之後，被染物取出水洗、晾乾而成。

7.注意事項：多數杜鵑花枝葉都具有茸毛，它會使皮膚產生過敏現象，所以採集和處理時最好穿長袖衣並戴手套。

8.無媒染呈肌色，鋁、錫媒染呈黃褐色，鋁媒染顏色稍稍深些。石灰及銅媒染皆呈深紅褐色，其中銅媒染顏色較深些，鐵媒染則呈黃味的深灰色。

杜鵑花的枝葉皆可用來染色

染材名稱：杜鵑花枝葉	採集季節：七月	染材用量：650％

染色布樣：蠶絲

無媒染

日晒堅牢度
★★★★
水洗堅牢度
★★

石灰

日晒堅牢度
★★
水洗堅牢度
★★

醋酸鋁

日晒堅牢度
★★★★
水洗堅牢度
★

醋酸錫

日晒堅牢度
★★★
水洗堅牢度
★

醋酸銅

日晒堅牢度
★★★★★
水洗堅牢度
★★

醋酸鐵

日晒堅牢度
★★★★
水洗堅牢度
★

染色布樣：棉布

無媒染

日晒堅牢度
★★★
水洗堅牢度
★★

石灰

日晒堅牢度
★★
水洗堅牢度
★★★

醋酸鋁

日晒堅牢度
★★★★
水洗堅牢度
★★★

醋酸錫

日晒堅牢度
★★★★
水洗堅牢度
★★★

醋酸銅

日晒堅牢度
★★★
水洗堅牢度
★★★

醋酸鐵

日晒堅牢度
★★★★
水洗堅牢度
★★

【 桃 】

學　　名：*Prunus persica* (L.) Batsch
科 屬 名：薔薇科櫻屬
別　　名：桃仔

本土分布：本島以中北部山坡地及平地栽培較多，苗栗、台中、南投三縣最多，主產於大湖、卓蘭、東勢、和平、水里、國姓等鄉鎮

世界分布：原產於中國，現世界各國已廣為栽培

用　　途：水果、庭園樹

染色取材：枝葉、幹材

植物生態：

　桃為多年生落葉性小喬木，株高約 3 - 5 公尺，樹皮灰色，老幹常見片片剝落痕跡，小枝則光滑。葉互生，葉片狹長，為橢圓狀披針形，先端尖長，基部楔形，鋸齒或細鋸齒緣，葉長約 8 -15 公分。花先葉開放，粉紅色、黃白色或乳白色，萼及花瓣各 5 片，具短花梗。核果歪球形，尾端凸尖，熟時顏色鮮麗，有黃白或黃紅者，果肉多汁甜美

文獻集解：

　　自古以來，桃即為先民栽種的重要果樹，遠在《詩經》時代，庶民間即常以桃樹作喻，以桃花擬人，如「桃之夭夭，灼灼其華，之子于歸，宜其室家。」、「何彼穠矣？華如桃李。」、「投我以桃，報之以李。」等等，這說明早在三千年前，桃即為先民所珍視。

桃花於春季盛開

　　北魏賈思勰所撰的《齊民要術》中，記錄著桃的許多不同名稱，如「旄冬桃、榹桃、山桃、冬桃、秋白桃、襄桃、秋赤桃、句鼻桃、核桃、櫻桃、緗桃、霜桃、金城梳胡桃、綺帶桃、合桃、紫文桃」等等，看來有些雖有桃名，卻未必是我們所認知的桃。同時對於種桃法及桃醋作法也有詳細說明，此外，對於桃性也有深刻描繪，如「桃性易種難栽，若離本土，率多死。」、「桃性皮急，四年以上宜以刀豎劙其皮，不劙者皮急則死。七、八年便老，老則子細，十年則死，是以宜歲歲常種之。」

　　唐代，文人也屢屢以桃入詩，如白居易在〔長恨歌〕中有「春風桃李花開日，秋雨梧桐葉落時」、張旭在〔桃花谿〕中有「桃花盡日隨流水，洞在清谿何處邊」、王維在〔桃源行〕中有「春來遍是桃花水，不辨仙源何處尋」、王昌齡有「昨夜風開露井桃，未央前殿月輪高」等名句，顯然在唐人眼中，桃花依然是嬌美的象徵。

　　明代李時珍在《天工開物》中綜合了各家看法，對桃有更深入的記述，僅是桃品，即羅列眾多，「桃品甚多，易於栽種，且早結實，五年宜以刀劙其皮，出其脂液，則多延數年。其花有紅紫、白千葉二色之殊，其實有紅桃、緋桃、碧桃、緗桃、白桃、烏桃、金桃、銀桃、胭脂桃，皆以色名者也。有綿桃、油桃、御桃、方桃、區桃、偏核桃，皆以形名者也。有五月早桃、十月冬桃、秋桃、霜桃，皆以時名者也。並可供食，惟山中毛桃，即爾雅所謂榹桃者，小而多毛，核黏味惡，其仁充滿多脂，可入藥用，蓋外不足者，內有餘也。……」此外，對桃實、核仁、桃毛、桃梟、桃花、桃葉、桃莖、桃白皮、桃膠、桃符、桃橛等不同部位的醫藥功能，都有深入的分疏。

　　清道光十六年刊本《彰化縣誌》中對桃有如下的記述：「花有紅紫之殊，品有甘苦之異，春生夏熟，江文通頌：惟園有實，惟山有叢，丹萼擎露紫繞風。」

　　歷來文獻對桃的記述雖多，卻未見其在染色上的利用。雖然如此，卻不能否定桃可以用來染色的事實。

染色記事：

　　台灣的桃產地因品種不同而有低海拔和中海拔之分，低海拔的桃採收期較早，約在三月至七月中旬之間，而中高海拔的桃多為水蜜桃，成熟約在八、九月之後。每年採果之餘，果農們都必須適當地整枝修剪，以待來年長出更健壯的枝條。這些修剪下的枝葉或幹材，都可以用來染色，如果濃度掌握得好，一定可以得到很優雅的色調。它的染法如下：

1. 採集生鮮的枝葉，並以菜刀將它切成細段，加入適量清水，於不鏽鋼鍋中煎煮萃取色素，萃取時間為水沸後半小時，共萃取二至三回。

2. 萃取後的染液經細網過濾後，調和在一起作染浴。

3. 被染物先浸透清水，擰乾、打鬆後投入染浴中升溫染色，升溫的速度不宜過快，煮染的時間約為染液煮沸後半小時。

4. 取出被染物，擰乾後進行媒染半小時。

5. 經媒染後的被染物再入原染浴中染色半小時。

6. 煮染之後，直接取出水洗、晾乾而成。

7. 注意事項：

　　a. 桃為落葉性植物，欲使用其枝葉染色，必須在它落葉之前採集使用。

　　b. 若使用桃樹幹材染色，則必須以工具刨成薄片或打成碎片才好抽色。

8. 以桃樹幹材和枝葉染色，所呈現的色調會有明顯的不同，以幹材染色，則色調多為橙黃色或黃褐色，若以枝葉染色，在絲的呈色上除了石灰媒染會產生略帶橙味的黃砂色外，無媒染和鋁、錫媒染皆呈帶綠的芥末黃，銅媒染時呈綠味褐，鐵媒染時呈橄欖綠。但它在棉的呈色上綠味明顯減少，多為淡卡其黃，只有銅和鐵媒染稍深些，銅媒染為黃褐色，鐵媒染為綠褐色。

桃樹枝葉

桃樹的幹材亦可染色

染材名稱：桃枝葉	採集季節：七月	染材用量：300％

染色布樣：蠶絲

無媒染

日晒堅牢度
★★★
水洗堅牢度
★★

石灰

日晒堅牢度
★★★
水洗堅牢度
★★★

醋酸鋁

日晒堅牢度
★★★
水洗堅牢度
★★

醋酸錫

日晒堅牢度
★★★
水洗堅牢度
★★★

醋酸銅

日晒堅牢度
★★★★
水洗堅牢度
★★★

醋酸鐵

日晒堅牢度
★★★★
水洗堅牢度
★★★

染色布樣：棉布

無媒染

日晒堅牢度
★★★★
水洗堅牢度
★★

石灰

日晒堅牢度
★★★★
水洗堅牢度
★★

醋酸鋁

日晒堅牢度
★★★
水洗堅牢度
★★★

醋酸錫

日晒堅牢度
★★★★
水洗堅牢度
★★★

醋酸銅

日晒堅牢度
★★★★
水洗堅牢度
★★★

醋酸鐵

日晒堅牢度
★★★★
水洗堅牢度
★★★

◎
大地之華

【 栗 】

學　　名：*Castanea crenate* Sieb. et Zucc.
科 屬 名：殼斗科板栗屬
別　　名：板栗、毛栗、風栗、栗子

本土分布：產於北部和中部100 至1700公尺山坡地及高山，新竹關西、南投仁
　　　　　愛、嘉義吳鳳等鄉鎮較多。

世界分布：中國、日本、歐洲

用　　途：栗果可食、果殼及樹皮和葉均可為染料、葉亦可入藥

染色取材：果殼、樹皮、枝葉

植物生態：

　　栗因品種的不同而有中國栗、日本栗與歐洲栗之分，台灣所栽植者主要為前
二種，其中以日本栗較多。栗為多年生的落葉性喬木，樹幹灰褐色，表皮粗糙
而龜裂，小枝具皮目。葉互生，具柄，長橢圓形至長橢圓狀披針形，長約 8 -
16 公分，先端漸尖或銳尖，基部圓形或心形，銳鋸齒緣，葉緣有刺，老葉正面
暗綠色，背面淡綠。雌雄異株，花序為長穗狀，腋出，冬季開花，夏季果熟，
果實為球形，外密被細長針狀刺，熟時開裂，堅果黑褐色，可供食用，味道鮮
美。

文獻集解：

栗子經蒸、煮、炒皆香甜可口，自古即為先民重要的糧食種類。《詩經》中即有「東門之栗，有踐家室。」「山有漆，隰有栗」、「樹之榛栗，椅桐梓漆，爰伐琴瑟。」等詩句，顯示當時已頗興種植栗樹採果。唐朝李白也有「羞逐長安社中兒，赤雞白狗賭梨栗。」之句，可見當時栗子乃作為零嘴食之。

明代醫書《本草綱目》對於栗的生態、品種，皆有詳細記述，如「時珍曰：栗但可種成，不可移栽，按事類合璧云：栗木高二三丈，苞生，多刺如蝟毛，每枝不下四五個，苞有青、黃

毛栗的花序呈長穗狀

毛栗果呈球狀，外密被細長針刺。

、赤三色，中子或雙或單，或三或四，其殼生黃熟紫，殼內有膜裹仁，九月霜降乃熟，其苞自裂而子墜者，乃可久藏，苞未裂者易腐也。其花作條，大如箸頭，長四五寸，可以點燈，栗之大者為板栗，中心扁，子為栗楔。稍小者為山栗，山栗之圓而末尖者，為椎栗，圓小如橡子者為莘栗，小如指頂者為茅栗，....蘄州山中有石栗....。」

《天工開物》記有「用栗殼或蓮子殼煎煮一日，漉起，然後入鐵砂皂礬鍋內，再煮一宵，即成深黑色。」，《原色台灣藥用植物圖鑑2》在栗的成分中記有「樹皮及葉含單寧」，而日本草木染相關的書籍中也多數會提到運用栗殼、樹皮與樹葉染色，這些部位因含有多量的單寧成分，故能產生良好的染色效果。

染色記事：

　　毛栗果採收之後，果農都將密被針刺的外殼丟棄在果園中，這些被丟棄的果殼正是我們可以利用的染材。一般果殼必須經過很長的時間才會徹底腐爛，在腐爛之前，果皮上那些刺針隨時都會傷人，所以當我們要撿拾時，必須特別留心，最好能用竹筷子或夾子夾起，以免扎傷手指。它的染色方法如下：

1. 將收集的栗殼用清水沖淨，再用適量冷水浸泡一夜，次日置於不鏽鋼鍋中煎煮萃取色素，萃取時間為水沸後半小時，共萃取三～四回。
2. 萃取的染液經細網過濾後，調和在一起，並使之降溫作染浴。
3. 被染物先浸透清水，擰乾、打鬆後投入染浴中緩慢升溫染色，煮染的時間約半小時。
4. 取出被染物，擰乾後進行媒染半小時。
5. 經媒染後的被染物再入原染浴中染色半小時。
6. 煮染之後，被染物取出水洗、晾乾而成。
7. 注意事項：
   a. 以鐵鹽作媒染時，若要染成較黑的顏色，可以在第二次液染之後再入媒染浴中媒染一回。
   b. 為徹底濾淨萃取液中的針刺，過濾的紗網應選擇最細密的網目，或以細棉布過濾，以免染色時刺傷了手指。
8. 以栗殼染色時，棉與絲的染色色調完全相同，但棉比絲的顏色還深暗一些。無媒染與鋁、錫、石灰等媒染均呈中明度的土黃色，而銅媒染顏色稍深些，鐵媒染則呈帶紫味的深灰。

毛栗殼為優良的染材，自古即被先民用於染色。

染材名稱：栗殼	採集季節：七月	染材用量：150％

染色布樣：蠶絲

無媒染

日晒堅牢度
★★★★★

水洗堅牢度
★★

石灰

日晒堅牢度
★★★★

水洗堅牢度
★★★

醋酸鋁

日晒堅牢度
★★★★

水洗堅牢度
★★★

醋酸錫

日晒堅牢度
★★★★

水洗堅牢度
★★★

醋酸銅

日晒堅牢度
★★★★★

水洗堅牢度
★★★

醋酸鐵

日晒堅牢度
★★★★★

水洗堅牢度
★★★★

染色布樣：棉布

無媒染

日晒堅牢度
★★★★

水洗堅牢度
★★

石灰

日晒堅牢度
★★★

水洗堅牢度
★★★

醋酸鋁

日晒堅牢度
★★★★

水洗堅牢度
★★★★

醋酸錫

日晒堅牢度
★★★★

水洗堅牢度
★★★

醋酸銅

日晒堅牢度
★★★★★

水洗堅牢度
★★★

醋酸鐵

日晒堅牢度
★★★★

水洗堅牢度
★★★★

【 杜英 】

學　　名：	*Elaeocarpus sylvestris* (Lour.) Poir.
科　屬　名：	杜英科（膽八樹科）杜英屬（膽八樹屬）
別　　名：	膽八樹、杜鶯、山杜英、猴歡喜

本土分布：全台低海拔森林中

世界分布：中國華南、華西、台灣、日本、琉球

用　　途：樹皮及枝葉可當染料、植株可當行道樹或庭園樹、木材為良好香菇材

染色取材：樹皮、枝葉

植物生態：

　　杜英為常綠性大喬木，株高可達二十多公尺。葉茂密而叢生於枝端，在濃密的綠葉間，四時皆可發現數片紅葉夾雜其中。葉為披針形、長橢圓披針形至倒披針形，長約 7 - 12 公分，寬約 2 - 3.5 公分，兩面平滑無毛，具淺鋸齒緣，側脈 7 - 9 對，平時為綠色，凋落前變紅色，樹上四時可見紅葉，但以秋冬季節為多。總狀花序約 5 - 10 公分，腋生，花米白至粉黃色。核果橢圓形，長 2 - 2.5 公分，表面多溝紋，種子堅硬。

杜英樹上四時可見紅葉夾雜其中，但以秋冬為多。

杜英於夏季開花，花為米白至粉黃色

文獻集解：

　　明代李時珍在《本草綱目》「卷三十四香木類」中列有「膽八香」條目，「時珍曰：膽八樹生交趾南番諸國，樹如稚木犀，葉鮮紅色，類霜楓，其實壓油和諸香爇之，辟惡氣。」可見其種油也是香油的一種。

　　林業試驗所發行的《福山原生樹種》解說冊中記載著杜英的多種用途：「杜英的樹皮可作染料，木材為栽培香菇的良好段木，橢圓形的果實似橄欖可食；另種子油還可作肥皂和潤滑油，杜英的樹形秀美……美不勝收，故杜英亦為觀賞紅葉的樹種之一，常被栽種在公園、庭園、綠地做為添景樹或行道樹。」

　　日人山崎青樹氏在《續・草木染染料植物圖鑑》中提到琉球地方以杜英的煎汁作為鼠色的染料，同時著名的「大島紬」也多以杜英樹皮染色，該書並引「時局和森林」之文說：杜英為「皂黑色染料織物用」，引《台灣植物圖說》所記：「樹皮含單寧之染料植物」，同時還引《台灣有用樹木誌》所記載的「琉球地方以剝取的杜英樹皮作為織物的染料」等等，都充分說明以往日本人對杜英染色確實有過較多的使用經驗及深入研究。杜英為台灣低海拔極常見的樹種，只是不知國人認得的有多少？

染色記事：

　　認識陌生植物就像認識陌生人一樣，經常會混淆了彼此，也很難一次就將對象記得清楚，必須經過多次觀察，逐步加深印象，才能牢牢地將植物的形象印在腦海中，在觀察的過程中，若有專家指導辨識或有參考資料提示特徵重點，都可以讓觀察者加速掌握重點而形成獨特印象。一般國人都不太注意台灣本土的杜英樹，卻對外來的黑板樹知之甚詳，主要是因為全台各地行道樹栽種黑板樹已到氾濫的地步，國人即使不想認識它，也已難以迴避接觸。其實要認識杜英並不困難，觀察時要注意其傘狀的樹冠，修長的枝幹，茂密而叢生於枝端的綠葉，綠葉中隨時夾雜著數片紅葉，兩端尖銳的披針形葉片，及一端會膨大的葉柄等特徵，假如還有機會觀察它的黃白色小花及藍綠色果實，就能很快地認識它，一旦認得了它，就會發現台灣低海拔山區經常都能見到它的身影。

　　杜英除了樹皮可以染色而外，茂密的枝葉也可以修剪來運用。其染法如下：

1. 採集生鮮的枝葉，並以菜刀將它切成細段，加入適量清水，並加水量千分之一的碳酸鉀於不鏽鋼鍋中煎煮萃取色素，萃取時間為水沸後半小時，可萃取二至三回。

2. 萃取後的染液經細網過濾後，調和在一起作染浴，並加入少許冰醋酸，將染液調至PH6左右。

3. 被染物先浸透清水，擰乾、打鬆後投入染浴中升溫染色，升溫的速度不宜過快，煮染的時間約為染液煮沸後半小時。

4. 取出被染物，擰乾後進行媒染半小時。

5. 經媒染後的被染物再入原染浴中染色半小時。

6. 煮染之後，被染物不要存放在染鍋中待冷，直接取出水洗、晾乾而成。

7. 杜英染色在絲布與棉布上的呈色相當一致。無媒染和鋁、錫、石灰媒染皆呈卡其黃，銅媒染的顏色較深，為黃茶色，鐵媒染則呈帶紫味的深灰色。

杜英的枝葉與樹皮皆可染色

染材名稱：杜英枝葉	採集季節：七月	染材用量：500％

染色布樣：蠶絲

無媒染

日晒堅牢度
★★★★★
水洗堅牢度
★

石灰

日晒堅牢度
★★★★★
水洗堅牢度
★★

醋酸鋁

日晒堅牢度
★★★★
水洗堅牢度
★★

醋酸錫

日晒堅牢度
★★★★
水洗堅牢度
★★

醋酸銅

日晒堅牢度
★★★★★
水洗堅牢度
★★★

醋酸鐵

日晒堅牢度
★★★★★
水洗堅牢度
★★★

染色布樣：棉布

無媒染

日晒堅牢度
★★★★
水洗堅牢度
★★

石灰

日晒堅牢度
★★★★
水洗堅牢度
★★

醋酸鋁

日晒堅牢度
★★★★★
水洗堅牢度
★★

醋酸錫

日晒堅牢度
★★★★
水洗堅牢度
★★

醋酸銅

日晒堅牢度
★★★★
水洗堅牢度
★★★

醋酸鐵

日晒堅牢度
★★★★★
水洗堅牢度
★★★★

【胭脂樹】

學　　名：*Bixa orellana* L.
科 屬 名：胭脂樹科胭脂樹屬
別　　名：紅木

本土分布：台灣各地零星栽培，以中南部較適合栽植
世界分布：原產於熱帶美洲，現印度、中南半島及南洋群島皆多。
用　　途：庭園樹、種皮提煉成食用色素及染料和化妝品原料
染色取材：種子

植物生態：

　　胭脂樹為半落葉性之小喬木，株高約 3 公尺，枝條平滑，頂部分枝多，樹皮為赤褐色。葉互生，先端尖銳，基部心形，具長柄，葉形大，全緣，兩面光滑。圓錐花序頂生，花淡紅色，萼片與花瓣各 5 枚，花瓣為長橢圓形，背面有紅色斑點。蒴果為卵球形，外被軟刺毛，初為大紅色，熟時轉呈紅褐色，內有種子多粒，種子紅色，可提煉橙紅色素。

胭脂樹的蒴果呈大紅色

蒴果成熟時轉呈紅褐色

文獻集解：

胭脂樹又稱胭脂木，原產於熱帶美洲，也繁生於東印度各地，其種子提煉的色素自古即為著名的染料及食用色素。民國三十六年，孟心如先生所著的《植物色素》一書中，曾列一種叫「奧列安」的染色植物，經學名比對，即為

胭脂樹葉片大於手掌，外形略如心形

目前我們所稱的胭脂樹，書中記有「製法，可取奧列安與丙酮相處理，使雜質溶除，繼用氯仿將紅木色精抽出。奧列安能直接染棉毛及絲，呈美麗之橙紅色。具優良之耐酸、皂、縮絨及氯性，但不耐光。現時尚有應用於棉及絲之染色術。且又多取以染食品，如奶油、人造奶油、乾酪等等。用明礬或錫鹽加入鹼性奧列安溶液，則生黃色及橙紅色之奧列安色膠。」

民國七十八年版的《台中縣志》在「生物篇・經濟作物」中也載有「臙脂樹，附著於種子上之果肉，用作紅褐色染料。」

染色記事：

　　就人類色彩原料的使用情況來看，我們可以將色料略分為顏料與染料兩大類，顏料多數為表面被覆性的材料，如膠彩顏料、油畫顏料、化妝原料等是，而染料則多數為滲透性的染著材料，如直接性染料、酸性染料等是。顏料與染料因特性、用途、目的性的不同，自然形成使用方法的差異。不過，在傳統的色彩使用經驗中，顏料與染料也並非涇渭分明、互不關聯的，事實上，許多材料也同時被應用於顏料和染料上，像胭脂樹就是其中用途較多的一種，它不但是色彩鮮豔的染料，同時也被製作成化妝品胭脂，並且還被提煉成食用色素，用途非常廣泛。

　　胭脂樹的染色方法如下：

1.採集成熟的蒴果，將蒴果中的種子剝取下來，加入適量清水，並加入水量千分之一的碳酸鉀，於不鏽鋼鍋中煎煮萃取色素，萃取時間為水沸後半小時，共萃取三回。

2.各回萃取後的染液經細網過濾後，調和在一起作染浴，並調入適量的冰醋酸作中性浴。

3.被染物先浸透清水，擰乾、打鬆後投入染浴中升溫染色，升溫的速度不宜過快，煮染的時間約為染液煮沸後半小時。

4.取出被染物，擰乾後進行媒染半小時。

5.經媒染後的被染物再入原染浴中染色半小時。

6.煮染之後，被染物取出水洗、晾乾而成。

7.注意事項：胭脂樹的色素對於酸鹼度的變化會產生敏感的反應，在不同的酸鹼度染液中，色素會呈現不同的變化，但是，有些受酸鹼度影響產生的顏色並無法定著，當染後我們以中性的清水漂洗之後，這種暫時性的發色現象就會消褪，留下來的顏色才是該染料所能染著的顏色。

8.胭脂樹的染色在絲布與棉布上會有很大的差異，絲布的呈色效果良好，而棉布則相對的遜色許多。從絲布來說，無媒染和鋁、錫、鐵、石灰等媒染皆呈鮮麗之黃橙色，而銅媒染則呈帶黃褐味的金茶色，從棉布來說，無媒染和鋁、錫、石灰媒染皆呈粉橙色，銅媒染呈肌膚色，鐵媒染呈淺黃褐色。

胭脂樹的色素集中在蒴果內的種子上

染材名稱：胭脂樹種子	採集季節：七月	染材用量：50％

染色布樣：蠶絲

無媒染

日晒堅牢度
★★★★
水洗堅牢度
★★★★

石灰

日晒堅牢度
★★★★
水洗堅牢度
★★★★

醋酸鋁

日晒堅牢度
★★★★★
水洗堅牢度
★★★★

醋酸錫

日晒堅牢度
★★★★
水洗堅牢度
★★★★

醋酸銅

日晒堅牢度
★★★★★
水洗堅牢度
★★★★

醋酸鐵

日晒堅牢度
★★★★★
水洗堅牢度
★★★★

染色布樣：棉布

無媒染

日晒堅牢度
★★★★
水洗堅牢度
★★

石灰

日晒堅牢度
★★★★
水洗堅牢度
★★★

醋酸鋁

日晒堅牢度
★★★★★
水洗堅牢度
★★★

醋酸錫

日晒堅牢度
★★★★
水洗堅牢度
★★

醋酸銅

日晒堅牢度
★★★★★
水洗堅牢度
★★★

醋酸鐵

日晒堅牢度
★★★★★
水洗堅牢度
★★★

【白匏子】

學　　名： *Mallotus paniculatus* (Lam.)
　　　　　Muell-Arg.
科 屬 名： 大戟科野桐屬
別　　名： 白葉子、白背樹、穗花山桐、白背葉

本土分布： 全台平野山麓至一千公尺間的闊葉林中極常見
世界分布： 中國華南、菲律賓、馬來群島、澳洲、台灣、緬甸、海南島、印度
用　　途： 根、幹皮、葉皆可入藥
染色取材： 枝葉

植物生態：

　　白匏子為半落葉性之中型喬木，多生長於乾燥的向陽坡，或成片長於伐採跡地或崩塌地。幼嫩枝葉被黃褐色星狀毛，葉互生，具長柄，柄長約 10 - 15 公分，葉片卵形、三角形或菱形，長約 10 - 20 公分，先端尖，全緣或二淺裂或僅一側淺裂，葉背密生白色或黃褐色短絨毛，葉片下垂，易翻轉與擺動。花單性，雌雄同株，總狀花序頂生或腋生，被黃褐色茸毛，花期約為 9 - 11 月。蒴果為扁球狀三稜形，內有種子三粒，外被黃褐色絨毛及粗刺。

白匏子於秋季開花

白匏子蒴果裂開後可以見到黑色種子

文獻集解：

　　白匏子是台灣一千公尺以下的闊葉林中族群非常龐大的常見植物，尤其是廢耕的山地與經伐木過的跡地及崩塌地，更常成片的生長。由於它的木質鬆軟，不耐久用，所以向來都任其自生自滅而未加以利用。

　　它的根和葉可入藥，《原色台灣藥用植物圖鑑4》記載「根有清熱、利濕、消瘀、舒肝、收斂之效。……葉有清熱、利濕、收斂、止血、解毒、止痛之效。……」該書同時還列有十多種方劑。

　　過去，我們並未發現有關白匏子用於染色的先例，但由於同為野桐屬的野桐和粗糠柴皆為良好染材，所以我們推斷為數眾多的白匏子可能也具有很多相同的色素成份，乃進行染色試驗，沒想到第一回試染，就染出了一系列的褐色，而且色素的濃度也很不錯。

染色記事：

　　新店住家附近的山區到處都可以見到葉背呈銀白色的白匏子，有一天，一位農家出身的朋友到家裡來作客，當他看過我們的數十種染色試片後，就急著問我說：還有什麼材料可以染色，我說要試的還多著呢！然後就將我的計畫表拿給他看，他看完之後，就指著窗外問我說：路邊那種葉背白的白匏子試過了嗎？我回說沒有，他說：這是附近山區最常見的樹種，為何不試試看呢？我說：假如要樣樣嘗試的話，再過二十年也做不完。朋友走了之後，我拿植物參考書來查對，這才發現白匏子屬大戟科野桐屬植物，過去我們從日本書中得知野桐是很好的染色植物，所以才想到：若同科同屬的白匏子也可以染色，那麼它的族群豈不比野桐多得多？後來經過試染，果然也具有不錯的染色效果。

　　白匏子的染色方法如下：

1. 採集生鮮的枝葉，並以菜刀將它切成細段，加入適量清水，於不鏽鋼鍋中煎煮萃取色素，萃取時間為水沸後半小時，共萃取兩回。

2. 萃取後的染液經細網過濾後，調和在一起作染浴。

3. 被染物先浸透清水，擰乾、打鬆後投入染浴中升溫染色，升溫的速度不宜過快，煮染的時間約為染液煮沸後半小時。

4. 取出被染物，擰乾後進行媒染半小時。

5. 經媒染後的被染物再入原染浴中染色半小時。

6. 煮染之後，被染物取出水洗、晾乾而成。

7. 注意事項：染布浸在白匏子染液中皆呈偏黃的色調，取出後與空氣接觸就會逐漸變紅味，這顯示其色素會因氧化而產生色相的變化。

8. 白匏子枝葉的染色在絲布與棉布的呈色相當類似，只是絲布的彩度略高於棉布而已。其無媒染和鋁、錫、石灰媒染皆呈明度較高的黃褐色，其中以石灰的媒染稍濃些，銅媒染呈較深的茶褐色，絲的鐵媒染呈較深的灰褐色，棉的鐵媒染呈更深的黑褐色。

白匏子的葉形很像野桐，但銀白的葉背卻是它鮮明的特徵

染材名稱：白匏子枝葉	採集季節：七月	染材用量：500％

染色布樣：蠶絲　　　　　　　　　　　　　　　　　染色布樣：棉布

無媒染

日晒堅牢度
★★★★

水洗堅牢度
★

無媒染

日晒堅牢度
★★★★

水洗堅牢度
★★

石灰

日晒堅牢度
★★★

水洗堅牢度
★★

石灰

日晒堅牢度
★★★

水洗堅牢度
★★★

醋酸鋁

日晒堅牢度
★★★★★

水洗堅牢度
★

醋酸鋁

日晒堅牢度
★★★★

水洗堅牢度
★★

醋酸錫

日晒堅牢度
★★★★★

水洗堅牢度
★

醋酸錫

日晒堅牢度
★★★★

水洗堅牢度
★★

醋酸銅

日晒堅牢度
★★★★★

水洗堅牢度
★★

醋酸銅

日晒堅牢度
★★★★

水洗堅牢度
★★★

醋酸鐵

日晒堅牢度
★★★★★

水洗堅牢度
★★

醋酸鐵

日晒堅牢度
★★★★★

水洗堅牢度
★★★★

【 蘇枋 】

學　　名：*Caesalpinia sappan* L., sp. Pl.
科　屬　名：蘇木科蘇木屬
別　　名：蘇木、蘇枋木、傻木、蘇芳、蘇方、
　　　　　番子刺樹

本土分布：在研究單位中有些栽植，民間栽種數量不多。
世界分布：印度至馬來群島及中南半島一帶，中國雲南、廣東、廣西、海南島
　　　　　亦有出產。
用　　途：藥用、染料
染色取材：幹材

植物生態：

　蘇枋為熱帶性的喬木或灌木，多分枝，全株有刺，葉為二回羽狀複葉，羽片
10 - 12 對。小葉10 - 12 對，形小而平滑，外形近橢圓而鈍頭， 全緣，長約
1.5 公分。春、夏開黃花，圓錐花序，腋生或頂生。莢果為偏斜之卵形或披針
形，具尾尖，扁平，木質，通常不開裂，長約 5 - 8 公分，種子 3 - 4 粒。

進口的蘇枋木片

進口的蘇枋木絲

文獻集解：

　　蘇枋古稱「蘇方」或「蘇芳」，為重要的紅色染料，人類使用它來染色已有數千年歷史。

　　晉代嵇含所著的《南方草木狀》中載有「蘇枋，樹類槐花，黑子，出九真，南人以染絳，漬以大庾之水，則色愈深。」，《唐本草》蘇恭曰：「蘇枋木自南海崑崙來，而交州愛州亦有之，樹似菴羅，葉若榆葉，而無澀。抽條長丈許，花黃，子青熟黑，其木，人用染絳色。」

　　日本早期的染色文獻《延喜式》中記載「深蘇芳綾一疋：蘇芳大一斤，酢八合，灰三斗，薪一百二十斤。中蘇芳綾一疋：蘇芳大八兩，酢六合，灰二斤，薪九十斤。淺蘇芳綾一疋：蘇芳小五兩，酢一合，灰八升，薪六十斤。黃櫨綾一疋：櫨十四斤，蘇芳十一斤，酢二升，灰三斛，薪八荷。」等記述，這是對蘇枋使用情況非常清楚的記載。

　　明代《天工開物》中對蘇枋的染色也有詳細的說明「木紅色：用蘇木煎水，入明礬、梣子。紫色：蘇木為地，青礬尚之。……天青色：入靛缸淺染，蘇木水蓋。葡萄青色：入靛缸深染，蘇木水深蓋。……藕褐色：蘇木水薄染，入蓮子殼，青礬水薄蓋。」從上述記載中，我們不但知道它個別的使用情況，也知道它和其他材料複染產生的變化。

　　近代杜燕孫在《國產植物染料染色法》中說：「蘇枋又名蘇方木，亦稱蘇木，……莖有刺，羽狀複葉，花黃色，木材中含有色素，可染纖維。蘇枋產於熱帶，本為東印度原產；……疇昔人造染料尚未入口之時，蘇枋為主要染料之一……。」可見它曾長時間在染料上扮演重要角色，目前染料的重要性雖已降低，但在中藥上仍有它的作用。

染色記事：

　　大約在十八年前，王勝男老師告訴我們蘇木可以染紅色，我們就到中藥店買材料來試染，當蘇木絲放入水中煎汁，很快就見到它溶解出鮮紅的色素來，我們將絲線媒染過明礬水後即放進染液中染色，也很快地染成艷紅色，為此，我們雀躍不已，認為蘇木確實是很方便操作的染料。但沒多久，我們染後掛在工作室窗邊的絲線就漸漸地褪了顏色，而褪色的輕重也和受光的強弱成正比。

　　從這次的經驗，我們開始留意色彩的堅牢度課題，有些堅牢度不佳的染材只好放棄使用。在天然染色材料中，各種色素的成份並不相同，有的日照堅牢度好，但水洗堅牢度卻不見得好；有的水洗堅牢度好，但日照堅牢度卻不好；當然也有兩者皆優或兩者皆劣的情況。不過大致看來，天然染料的堅牢度多數不如合成染料。為了強化天然染料的堅牢度，人類自古就採用了多種方法謀求改善，有的在材料的前處理上用心，有的在複染的次數上努力，有的在媒染劑上研試，有的在酸鹼度上調整，有的在膠質的塗佈上嘗試，有的在染液的溫度與壓力上加強，有的在後處理上碾壓、蒸燙等等，都是為了加強色彩的堅牢度。

　　蘇枋的染色不但要藉媒染劑產生良好的發色，也應透過多次的複染強化染色堅牢度。其染色方法如下：

1. 至中藥店購買蘇木塊或蘇木絲，若為蘇木塊則需先以柴刀劈成細片或以碎木機打成碎片，若為蘇木絲則可以直接萃取使用。煎煮時先加入適量清水，並加入水量千分之一的冰醋酸，於不鏽鋼鍋中煎煮萃取色素，萃取時間為水沸後半小時以上，共萃取三至四回。

2. 萃取後的染液經過濾後，調和在一起作染浴，並調適量的碳酸鉀使呈中性浴。

3. 被染物先浸透清水，擰乾、打鬆後投入染浴中升溫染色，升溫的速度不宜過快，煮染的時間約為染液煮沸後半小時。

4. 取出被染物，擰乾後進行媒染半小時。

5. 經媒染後的被染物再入原染浴中染色半小時。

6. 煮染之後，被染物取出水洗、晾乾而成。

7. 若要色彩堅牢度加強或色度更飽和時，可在染布晾乾後，重新進行上述步驟。

8. 注意事項：蘇枋色素對酸鹼度的變化非常敏感，當染液中加入酸液時，液色即由鮮紅轉呈黃橙，若染液中加入鹼液時，則液色會變得更加深濃而帶紫味，但這樣的染液顏色卻未必能完全反應在被染物上，蘇枋色素能否被吸收，其主要關鍵仍在媒染劑的作用。

9. 以蘇枋染色，在絲布與棉布的呈色基本很類似，大致看來，棉布的顏色稍灰濁些。無媒染和石灰媒染的顯色性較差，皆呈中明度的黃褐色，石灰媒染的顏色稍深些。鋁媒染絲布呈大紅色，古稱蘇枋色，鋁媒染棉布為略帶紫味之深紅。錫媒染絲呈略帶橙味之紅，錫媒染棉亦為蘇枋色。銅媒染絲、棉皆呈略帶紫味的褐色，鐵媒染絲呈深灰紫，鐵媒染棉呈帶紫味的深灰。

染材名稱：蘇枋幹材	材料來源：中藥行	染材用量：100％

染色布樣：蠶絲

無媒染

日晒堅牢度
★★★★★

水洗堅牢度
★★

石灰

日晒堅牢度
★★★★

水洗堅牢度
★★★

醋酸鋁

日晒堅牢度
★★★★

水洗堅牢度
★★

醋酸錫

日晒堅牢度
★★★★

水洗堅牢度
★★

醋酸銅

日晒堅牢度
★★★★★

水洗堅牢度
★★

醋酸鐵

日晒堅牢度
★★★★★

水洗堅牢度
★★

染色布樣：棉布

無媒染

日晒堅牢度
★★★★

水洗堅牢度
★★

石灰

日晒堅牢度
★★★★

水洗堅牢度
★★★

醋酸鋁

日晒堅牢度
★★★

水洗堅牢度
★★

醋酸錫

日晒堅牢度
★★★★

水洗堅牢度
★★★

醋酸銅

日晒堅牢度
★★★★★

水洗堅牢度
★★

醋酸鐵

日晒堅牢度
★★★★

水洗堅牢度
★★

【梅】

學　　名：*Prunus mume* Sieb. et Zucc.
科　屬　名：薔薇科櫻屬
別　　名：梅仔、梅花、白梅、青梅、春梅

本土分布：台灣全境皆有栽培，尤以中央山脈中段西側，海拔 300-1000 公尺
的山區坡地為多。

世界分布：原產於中國，台灣、日本、韓國等溫帶地區

用　　途：盆景、庭園樹、根與花果可入藥、果並可生食及製梅乾、蜜餞、釀酒
、釀醋等。

染色取材：幹皮、幹材

植物生態：

　梅為落葉性小喬木，枝幹灰褐色，彎曲而多分枝，老幹幹皮多開裂而具刺，
小枝光滑，幼枝呈綠色。葉互生，葉柄具腺體，葉片卵形、倒卵形或廣橢圓形
，先端銳尖，基部心形，細銳鋸齒緣。冬季開花，單生或簇生，多為白色，也
有紅色、粉紅色者，花瓣有單瓣與重瓣，闊倒卵形，清
香。核果球形，果頂尖，徑 2 - 3公分，有淺溝，外被
絨毛，初為綠色，熟轉橙黃，內藏果核一粒。

梅花於寒冬盛開

文獻集解：

梅葉具細鋸齒緣

　　晉代陸機在《詩義疏》中說「梅杏類也，樹木葉皆如杏而黑耳，實赤於杏而醋，亦生噉也，煮而曝乾為（蘇）置羹臛虀中，又可以含以香口，亦蜜藏而食。」上述表明遠在晉代之時，梅果不但已製作成醋，用於羹湯之中，同時還曬成梅乾，也做成蜜餞食用。梁《西京雜記》上載有：「候梅、朱梅、同心梅、紫帶梅、燕脂梅、麗枝梅。」等等，說明當時的梅已有多種不同的品種。

　　清代方以智在《物理小識》中記載「梅有鶴頂梅、消梅、冠城梅，皆實大，五月熟。時梅有六月熟者，早梅四月熟，冬梅花白實小，有玉蝶梅、綠萼梅。紅梅再接即重臺，春分前秋分後接，用桃杏體及本體，紅梅白葉，一花三子，曰品字梅，紫梗疏條。蠟梅別一種，其磬口者佳，芒種時種其子。」看來他對梅的品種瞭解更多，觀察更為仔細。

染色記事：

　　前年作者帶著五位台南藝術學院的學生在南投縣信義鄉的潭南、地利、雙龍部落一帶做染料植物的田野調查，每次上山都住在雙龍部落的民宿中。有一回，我們請民宿老闆為我們準備一些梅樹和李樹的幹材當染料，不料老闆卻將兩種材料混在一起，兩種樹幹乍看之下實在非常相像，一時之間難倒了所有同學。

　　後來作者憑著三十年前孩童時的生活經驗，分析兩種樹的外形特徵，就將兩堆材料分得清清楚楚。我說：李幹較直而梅幹多彎曲；李幹分枝少而梅幹分枝多；李幹上幾無小刺，而梅幹上長有小刺；李幹一般較光滑，而老梅幹皮多會開裂。坐在一旁的布農族老闆頻頻點頭，說我的觀察比布農族還布農族。其實我知道：我憑藉的是小時候採梅採李的印象回憶，這種對外在特徵的理解並不一定能保證判斷正確，如果要進一步研究，就應該多具備一些專業知識才行。

　　梅樹幹材的染法如下：

1. 將梅樹幹以鉋刀鉋成薄片或以柴刀削成細片後，加入適量清水，於不鏽鋼鍋中煎煮萃取色素，萃取時間為水沸後半小時以上，共萃取三至四回。
2. 萃取後的染液經細網過濾後，調和在一起作染浴。
3. 被染物先浸透清水，擰乾、打鬆後投入染浴中升溫染色，升溫的速度不宜過快，煮染的時間約為染液煮沸後半小時。
4. 取出被染物，擰乾後進行媒染半小時。
5. 經媒染後的被染物再入原染浴中染色半小時。
6. 煮染之後，被染物取出水洗、晾乾而成。
7. 以梅幹染色，在絲布與棉布的呈色上，除了銅、鐵媒染的差異明顯外，其餘皆頗相似。無媒染和鋁、錫、石灰媒染皆呈橙黃調的檜皮色，銅媒染絲呈濃度較高的咖啡色，銅媒染棉呈略帶中灰的咖啡色，鐵媒染絲呈淺灰調重的淺灰褐色，鐵媒染棉呈深灰調重的深灰褐色。

梅樹的幹皮與幹材皆可用來染色

染材名稱：梅樹幹材	採集季節：八月	染材用量：300％

染色布樣：蠶絲

無媒染

日晒堅牢度
★★★
水洗堅牢度
★★★

染色布樣：棉布

無媒染

日晒堅牢度
★★
水洗堅牢度
★★★

石灰

日晒堅牢度
★★★★
水洗堅牢度
★★★

石灰

日晒堅牢度
★
水洗堅牢度
★★★

醋酸鋁

日晒堅牢度
★★★★
水洗堅牢度
★★

醋酸鋁

日晒堅牢度
★★
水洗堅牢度
★★★

醋酸錫

日晒堅牢度
★★★★
水洗堅牢度
★★

醋酸錫

日晒堅牢度
★★★
水洗堅牢度
★★★

醋酸銅

日晒堅牢度
★★★★
水洗堅牢度
★★★

醋酸銅

日晒堅牢度
★★★★
水洗堅牢度
★★★

醋酸鐵

日晒堅牢度
★★★★★
水洗堅牢度
★★

醋酸鐵

日晒堅牢度
★★★
水洗堅牢度
★★★

【鋪地黍】

學　　　名：*Panicum repens* Linn.
科　屬　名：禾本科黍屬
別　　　名：硬骨草、苦藍釘、鐵骨釘、虎頭丁、
　　　　　　葫蘆骨丁

本土分布：台灣全境之平野至低海拔山區之曠野、荒地、路邊、溪岸等地均隨
　　　　　　處可見。

世界分布：廣泛地分布在全球熱帶及亞熱帶地區

用　　途：藥用

染色取材：莖葉

植物生態：

　　鋪地黍為多年生草本植物，群生或叢生，其根莖平生於地中。稈直立或斜立
，有節。葉互生，葉鞘抱莖稈，上被絨毛。葉片為長披針形，長約 10 至 30 公
分，先端漸尖銳，葉面亦被毛，葉背光滑。花為頂生之圓錐花序，展開狀，長
約 10 至 20 公分。穎果，花果期為夏至秋後。

鋪地黍

鋪地黍的頂生花序

文獻集解：

　　鋪地黍為台灣各地處處可見的野草，因其根莖平生於地中，要除淨它並非易事，所以常給鄉下農民帶來很大的困擾。過去先民以禾本科植物來染色的主要為蓋草（稱菉或綠），而在日本則使用幾種不同的刈安，雖然它們和鋪地黍都屬於同科的草本植物，但植株與生態仍有些差異。

　　過去的文獻上似乎也沒有關於鋪地黍用於染色的記載，不過在中醫書裡，它卻是一種具有多種功效的中藥，《原色台灣藥用植物圖鑑》中載有「根莖或全草有補中益氣，涼血解暑，清熱平肝，宣洩腎胃火，生津止渴，利尿解毒之效。治胃炎、腹痛、肋間神經痛……。」看來療效甚廣，功用甚多。

染色記事：

　　採集鋪地黍宜用鐮刀從基部割取，因它為群生或叢生，所以很快就可以採集到相當多的數量，採集後可以生鮮使用，也可以切段後置於烈日下曬乾備用。染色過程如下：

1. 將切成細段的鋪地黍莖葉置於不鏽鋼鍋中，注入適量清水煎煮，並加入水量千分之一的純鹼或碳酸鉀，然後升火煎煮萃取色素，萃取時間為水沸後三十分鐘，共萃取兩回。
2. 萃取後的染液經過濾後，調和在一起作染浴，並加適量的冰醋酸使呈中性浴。
3. 將浸泡過清水的被染物擰乾，打鬆後投入染浴中升溫染色，煮染的時間約為染液煮沸後半小時。
4. 取出被染物，擰乾後進行媒染半小時。
5. 經媒染後的被染物再入原染浴中染色半小時。
6. 煮染之後，被染物可置於染鍋中待冷，然後取出水洗、晾乾。
7. 注意事項：鋪地黍的色素濃度不高，使用時可適當調高染材用量比例，才可以得到較鮮明的色彩。
8. 鋪地黍在無媒染與石灰、鋁、錫等媒染皆呈帶灰味的淡黃色，銅媒染的呈色較好，為淺橄欖色，而鐵媒染則呈黃灰色，蠶絲的顯色較鮮明，棉布則多帶卡其色調。

鋪地黍切段後曬乾得以儲存備用

染材名稱：鋪地黍莖葉（乾）	採集季節：八月	染材用量：150%

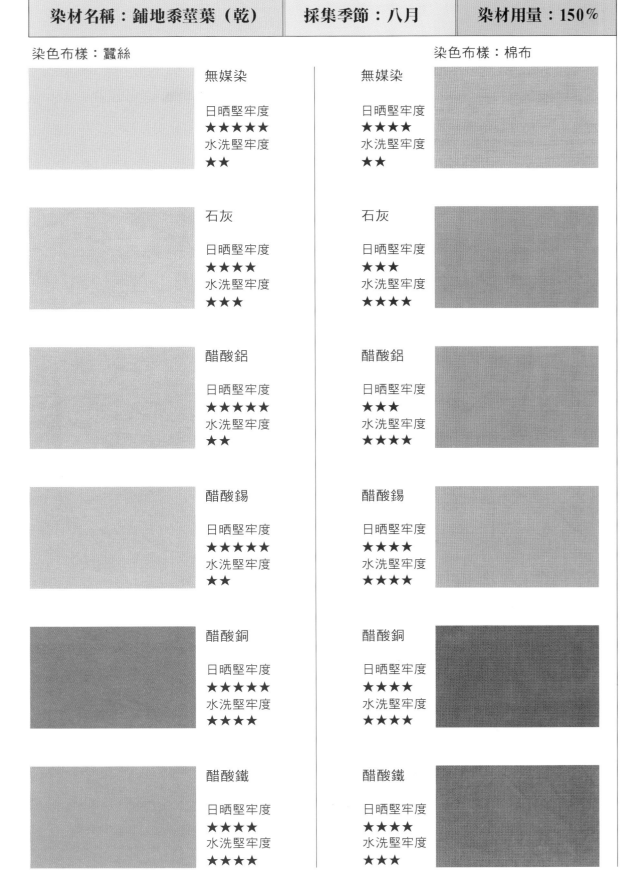

染色布樣：蠶絲

無媒染

日晒堅牢度
★★★★★

水洗堅牢度
★★

石灰

日晒堅牢度
★★★★

水洗堅牢度
★★★

醋酸鋁

日晒堅牢度
★★★★★

水洗堅牢度
★★

醋酸錫

日晒堅牢度
★★★★★

水洗堅牢度
★★

醋酸銅

日晒堅牢度
★★★★★

水洗堅牢度
★★★★

醋酸鐵

日晒堅牢度
★★★★

水洗堅牢度
★★★★

染色布樣：棉布

無媒染

日晒堅牢度
★★★★

水洗堅牢度
★★

石灰

日晒堅牢度
★★★

水洗堅牢度
★★★★

醋酸鋁

日晒堅牢度
★★★

水洗堅牢度
★★★★

醋酸錫

日晒堅牢度
★★★★

水洗堅牢度
★★★★

醋酸銅

日晒堅牢度
★★★★

水洗堅牢度
★★★★

醋酸鐵

日晒堅牢度
★★★★

水洗堅牢度
★★★

大地之華

【欖仁樹】

學　　名：*Terminalia catappa* L.
科　屬　名：使君子科欖仁樹屬
別　　名：枇杷樹

本土分布：恆春半島、蘭嶼為自生，其餘各地之庭園、路樹、公園多所栽植。
世界分布：廣泛分布於印度、太平洋諸島及東南亞、琉球、日本、中國華南、
　　　　　華西、海南島等地。
用　　途：樹葉及樹皮可入藥、種子可供搾油、樹葉及果皮可當染料。
染色取材：樹葉、果皮

植物生態：

　欖仁樹為落葉性之喬木，大樹易形成板根，樹枝為近水平之輪生，形成傘形樹冠。葉叢生於枝端，短柄，倒卵形，長約 15 - 30 公分，先端鈍或圓，基部漸狹，全緣，春天新葉嫩綠，夏天成葉翠綠，秋冬葉落前轉黃橙或紫紅，季節變化明顯。穗狀花序腋生，雄蕊在上，雌花及兩性花在下，子房下位。核果扁橢圓，長約 5 - 6 公分，周邊有龍骨凸起，果皮具纖維質，種仁可食，初為綠色，熟時呈咖啡色。

欖仁葉叢生於枝端

欖仁葉至秋冬時轉為橙紅色

文獻集解：

《原色台灣藥用植物圖鑑
1》記載欖仁樹的成份為：「
樹皮含鞣質。種子含粗脂肪
油、油酸、棕櫚酸、脂蠟酸
。」在效用上則載有「樹皮
有收斂之效，治痢疾、赤痢
。葉及嫩葉治頭痛、疝痛、
發熱、風濕關節炎。葉汁治
疥癬、皮膚病、痲風，最近
民間用於治肝病有效。種仁
治痢疾及腫毒。」

欖仁核果呈扁橢圓形

鄭元春先生在《特用植物》書中，於染料單元裡載有欖仁植物，在用途上記
有「果實之外皮含有鞣質，可提煉出黑色染料。」我們顧慮到欖仁果實的取得
季節集中在夏季的短暫時段，同時數量也很有限，所以才將研試目標轉向茂密
的樹葉，經過試染，發現染出的黃褐色也具有很好的色彩濃度。

染色記事：

　　六、七年前作者曾因肝功能指數過高而住進醫院療養，出院後許多關心我的親朋好友即不斷提供保肝良方，其中即有欖仁茶一項。當時，全台的欖仁風正熾，有人在天未亮時就摸黑到公園去撿拾欖仁葉，有人則跑去行道樹下當清道夫，據說其乾葉價格曾飆到每台斤一、兩千元。一位朋友從南部撿了一袋來送我，我也照他的指示喝了幾回。記得欖仁葉的煎汁顏色很深，喝起來苦苦澀澀，不加點糖有些難以入口。

　　後來我遵照醫師囑咐而不敢隨便亂吃偏方，但喝欖仁茶的印象卻仍鮮明。前年在台南進行野外教學後，一位同學領我去台南女子學院找一位朋友，不經意間在校園中發現了一地的欖仁葉，這才使我回想到欖仁茶的濃濃色彩，於是當下決定收集試染，染後果然出現一系列黃褐色調。

　　欖仁乾葉的染色方法如下：

1. 撿拾欖仁的落葉，並以刀具將它切成細段，加入適量清水，於不鏽鋼鍋中煎煮萃取色素，萃取時間為水沸後三十分鐘，共萃取二至三回。
2. 萃取後的染液經細網過濾後，調和在一起作染浴。
3. 被染物先浸透清水、擰乾、打鬆後投入染浴中升溫染色，升溫的速度不宜過快，煮染的時間約為染液煮沸後半小時。
4. 取出被染物，擰乾後進行媒染半小時。
5. 經媒染後的被染物再入原染浴中染色半小時。
6. 煮染之後，被染物取出水洗、晾乾而成。
7. 以欖仁乾葉染色，不論絲、棉材料，皆呈黃褐色調，其中以鐵媒染的顏色最深，其次為銅與石灰媒染，再次為無媒染和錫、鋁等媒染。

冬季掉落的欖仁葉皆可用來染色　　　（陳志帆　攝）

染材名稱：欖仁樹乾葉	採集季節：十月	染材用量：300％

染色布樣：蠶絲

染色布樣：棉布

無媒染

日晒堅牢度
★★★★

水洗堅牢度
★★

無媒染

日晒堅牢度
★★★★★

水洗堅牢度
★★★★

石灰

日晒堅牢度
★★★★★

水洗堅牢度
★★★

石灰

日晒堅牢度
★★★★★

水洗堅牢度
★★★

醋酸鋁

日晒堅牢度
★★★★★

水洗堅牢度
★★★

醋酸鋁

日晒堅牢度
★★★★

水洗堅牢度
★★★

醋酸錫

日晒堅牢度
★★★★

水洗堅牢度
★★★

醋酸錫

日晒堅牢度
★★★★★

水洗堅牢度
★★★

醋酸銅

日晒堅牢度
★★★★★

水洗堅牢度
★★★★

醋酸銅

日晒堅牢度
★★★★★

水洗堅牢度
★★★

醋酸鐵

日晒堅牢度
★★★★★

水洗堅牢度
★★★

醋酸鐵

日晒堅牢度
★★★★★

水洗堅牢度
★★★★

【安石榴】

學　　名： *Punica granatum* Linn.
科屬名： 安石榴科石榴屬
別　　名： 石榴、樹榴、謝榴、紅石榴

本土分布： 台灣各地零星栽培
世界分布： 地中海沿岸原產、喜馬拉雅附近、非洲索科多島、中國
用　　途： 盆景、庭園樹、果實可食、果皮可入藥及當染料
染色取材： 果皮、枝葉、樹皮

植物生態：

　　安石榴為多年生落葉性小喬木或灌木，小枝方形，先端蘇刺狀，帶紅色。葉對生或簇生，倒卵形至長橢圓形，全緣具短柄，光滑無毛。花著生於枝端或葉腋，花梗短，花徑約 3 公分，鮮紅色，裂片 6 枚，肉質厚。果實大，接近球形，成熟時為黃色或紅色，也有紅中帶紫者，果皮為革質，表面光滑，果頂萼片宿存。種子多數，帶稜角，外附肉質外種皮，淡紅色或白色，晶瑩剔透，甜中帶酸，味道鮮美。

文獻集解：

北魏賈思勰在《齊民要術》中對安石榴的來源、品種及栽培法有三百多字的記載，如「陸機曰：張騫為漢使外國十八年，得塗林，塗林安石榴也。廣志曰：安石榴有甜酸二等。鄴中記云：石虎苑中有安石榴，子大如盂碗，其味不酸……有苦榴……有甘石榴也。栽石榴法：三月初取枝，大如手大指者，斬令長一尺半，……其拘中亦安骨石，其斸根栽者亦圓布之，安骨石於其中也。」根據他的說法，安石榴來自西域，而名稱的來由乃因種植時，必安置骨石於根上的緣故。

安石榴開花

石榴傳入中土之後廣受歡迎，唐代李商隱有「苜蓿榴花遍近郊」之句，可見當時石榴已被普遍栽植。宋代王安石有「萬綠叢中紅一點，動人春色不須多」的佳句，不但讓人見識到詩人的敏銳觀察力，同時也點畫出深刻的色彩對比美學。

安石榴為單寧豐富的染料植物

明代李時珍集各家之說，在《本草綱目》中有更深入的解說「時珍曰：榴五月開花，有紅、黃、白三色，單葉者結實，千葉者不結實，或結亦無子也，實有酸、甜、苦三種……案事類合璧云：榴大如盃，赤色有黑斑點，皮中如蜂窠（巢），有黃膜隔之子，形如人齒，淡紅色，亦有潔白如雪者。潘岳賦云：榴者天下之奇樹，九州之名果，千房同膜，千子如一，禦飢療渴，解醒止醉。」劉基在《多能鄙事》的「染皂巾紗法」裡即已記載使用皂斗子及酸石榴皮煮染的方法。

杜燕孫先生在《國產植物染料染色法》一書中說到重要的單寧植物時，即列有石榴皮。日人山崎青樹氏在《草木染染料植物圖鑑》中也引文獻對石榴作許多說明，他說「樹皮、根皮、落花、果皮、葉等皆可利用來染色。」顯然，石榴用於染色已有相當長的歷史。

染色記事：

　　石榴是台灣常見的庭園植物，也是花市中很常見的觀賞性盆栽，雖然常見，但多數都以園藝栽培的小本種為主，用於生產石榴水果的並不太多，所以想以石榴枝葉、花朵、樹皮來染色並不容易。因此，若想作石榴染色，就應該到中藥行購買中藥用的乾燥石榴皮才較方便，其具體染法如下：

1. 將中藥行購買回來的石榴皮用石臼搗碎，加入適量清水，於不鏽鋼鍋中煎煮萃取色素，萃取時間為水沸後半小時，可萃取三至四回。
2. 萃取後的染液經細網過濾後，調和在一起作染浴。
3. 被染物先浸透清水，擰乾、打鬆後投入染浴中升溫染色，升溫的速度不宜過快，煮染的時間約為染液煮沸後半小時。
4. 取出被染物，擰乾後進行媒染半小時。
5. 經媒染後的被染物再入原染浴中染色半小時。
6. 煮染之後，被染物不要存放在染鍋中待冷，直接取出水洗、晾乾而成。
7. 注意事項：石榴皮為含單寧之染料，染色時常因局部氧化而產生染斑，故染時應不停攪拌，以免產生染色不勻的現象。
8. 石榴皮的染色，在棉布與絲布的呈色上相當一致，只有棉布的鐵媒染顏色較深，呈暗褐色。其他無媒染和鋁、錫、石灰媒染皆呈土黃色，銅媒染呈黃茶色，而絲布的鐵媒染呈黃褐色。如欲染成較深的黑色，可以將石榴的鐵媒染布套染藍靛，則色彩必快速的轉為暗黑。

曬乾的石榴皮既是中藥，也是良好的染料。

染材名稱：安石榴果皮	材料來源：中藥行	染材用量：100％

染色布樣：蠶絲

無媒染

日晒堅牢度
★★★★
水洗堅牢度
★

石灰

日晒堅牢度
★★★★
水洗堅牢度
★★

醋酸鋁

日晒堅牢度
★★★
水洗堅牢度
★

醋酸錫

日晒堅牢度
★★★
水洗堅牢度
★

醋酸銅

日晒堅牢度
★★★★★
水洗堅牢度
★★

醋酸鐵

日晒堅牢度
★★★★★
水洗堅牢度
★★

染色布樣：棉布

無媒染

日晒堅牢度
★★★★
水洗堅牢度
★★

石灰

日晒堅牢度
★★★
水洗堅牢度
★★★

醋酸鋁

日晒堅牢度
★★★
水洗堅牢度
★★★

醋酸錫

日晒堅牢度
★★★
水洗堅牢度
★★

醋酸銅

日晒堅牢度
★★★★★
水洗堅牢度
★★★

醋酸鐵

日晒堅牢度
★★★★
水洗堅牢度
★★★★

【 茶 】

學　　名：*Camellia sinensis* (L.) Ktzel
科 屬 名：山茶科山茶屬
別　　名：茗、茶樹、小葉種茶、山茶

本土分布：全台山區或丘陵地多所栽培
世界分布：原生於中國及日本，目前多分布在亞洲東南部熱帶與亞熱帶間
用　　途：飲料用、藥用、亦具有觀賞價值
染色取材：枝葉

植物生態：

　　茶為多年生之常綠灌木或小喬木，株高從一、二尺至十數尺，多分枝。葉互生，為橢圓狀披針形或倒卵狀披針形，革質，鋸齒緣，主脈清晰，葉長約 4 - 6 公分，寬約 2 - 4 公分。花白色，腋生，花後結實，蒴果扁圓，初為綠色，熟時為黑褐色。

茶樹開花

文獻集解：

　　茶為國人最重要的傳統飲料，飲茶之習，由來已久，北魏《齊民要術》即引《爾雅》之言曰「檟、苦荼，郭樸注云：樹小似梔子，冬生葉，可煮作羹飲，今呼早采者為荼，晚取者為茗，一名荈，蜀人名之苦荼。」

　　明代《本草綱目》對茶的敘述非常深入，李時珍博引前人之言曰「頌曰：今閩、浙、蜀、江湖、淮南山中皆有之，通謂之茶，春中始生嫩葉，蒸焙去苦水，末之乃可飲，與古所食，殊不同也。陸羽茶經云：茶者南方嘉木，自一尺二尺至數十尺……木如瓜蘆，葉如梔子，花如白薔薇，實如栟櫚，蒂如丁香，根如胡桃，其上者生爛石，中者生礫壤，下者生黃土，藝法如種瓜，三歲可采，陽岸陰林，紫者上，綠者次，筍者上，芽者次，葉卷者上，舒者次，在二月三月四月之間，茶之筍者，生於爛石之間，長四、五寸，若薇之始抽，凌露采之。茶之芽者發於叢薄之上，有三枝、四枝、五枝，於枝顛采之，采得蒸焙封乾，有千類萬狀也……。」

　　台灣早期志書對茶的描述皆簡略，《諸羅縣志》曰「茶經：茶者南方嘉木，北路無種者，水沙連山中有一種，味別能消暑瘴，武彝、松蘿諸品皆至自內地。」另《台灣通史》曰：「包種茶，葉細味清，出口甚多。烏龍茶，葉大味濃，出口甚多。」趙豐先生在《紡織與礦冶志》一書的古代染料植物中列有茶葉項目。目前日本與泰國傳統染織工藝品中也都仍有使用茶葉染色的情形。茶葉目前在國內栽培甚多，材料來源不虞匱乏。

染色記事：

　　十年前，一位和我學編織的服裝設計師從泰國清邁進了一些手織布回來，準備製作時裝，就邀我們去她的店裡欣賞，我看上了其中兩塊染成咖啡色的棉布，問她那是用什麼染料染成的？她說我的眼力不錯，就只有那兩塊布是用植物染料染的，其餘都使用化學染料，至於泰國人是使用何種染材，她也沒有仔細詢問，我請她再去泰北時要幫我弄個仔細。幾個月後，終於有了答案，她說那是以茶葉水經過多次複染而成的，難怪那色彩層次會那麼豐富而細緻。此後，我也開始嘗試用最便宜的紅茶染色，染的盡是一些沈沈重重的色彩，不過卻有一種樸拙穩重的感受。茶葉的染色方法如下：

1.將購買來的便宜茶葉放進不鏽鋼鍋中，加入適量清水，並加入水量千分之一的碳酸鉀，開始煎煮萃取色素，萃取時間為水沸後二十分鐘，可萃取三回。
2.萃取後的染液經細網過濾後，調和在一起作染浴，並調入少許冰醋酸，使染液呈中性浴。
3.被染物先浸透清水，擰乾、打鬆後投入染浴中升溫染色，升溫的速度不宜過快，煮染的時間約為染液煮沸後半小時。
4.取出被染物，擰乾後進行媒染半小時。
5.經媒染後的被染物再入原染浴中染色半小時。
6.煮染之後，被染物取出水洗、晾乾而成。
7.注意事項：
　a.台灣茶園每年都會定時修剪枝葉，修剪時掉落一地的老枝葉亦可用來染色。
　b.以不同的茶葉染色，在呈色上可能會有不同的色相產生。
8.紅茶染色皆呈茶褐色調，棉布的呈色比絲布沈重些，其中以鐵媒染的顏色最深，其次為銅和石灰媒染，再次為鋁媒染、無媒染和錫媒染。

各種茶葉都可以拿來染色

染材名稱：紅茶	材料來源：茶行	染材用量：150％

染色布樣：蠶絲

無媒染

日晒堅牢度
★★★★★
水洗堅牢度
★★★

染色布樣：棉布

無媒染

日晒堅牢度
★★★★★
水洗堅牢度
★★★

石灰

日晒堅牢度
★★★★★
水洗堅牢度
★★★

石灰

日晒堅牢度
★★★★★
水洗堅牢度
★★★

醋酸鋁

日晒堅牢度
★★★★★
水洗堅牢度
★★★

醋酸鋁

日晒堅牢度
★★★★★
水洗堅牢度
★★★

醋酸錫

日晒堅牢度
★★★★★
水洗堅牢度
★★★

醋酸錫

日晒堅牢度
★★★★★
水洗堅牢度
★★★★

醋酸銅

日晒堅牢度
★★★★★
水洗堅牢度
★★★

醋酸銅

日晒堅牢度
★★★★★
水洗堅牢度
★★★

醋酸鐵

日晒堅牢度
★★★★★
水洗堅牢度
★★★

醋酸鐵

日晒堅牢度
★★★★★
水洗堅牢度
★★★★

【鐵刀木】

學　　名：	*Cassia siamea* Lam.
科　屬　名：	蘇木科鐵刀木屬
別　　名：	鐵樹、黑心樹、暹邏槐、暹邏決明

本土分布：台灣中南部 普遍栽培

世界分布：原產於印度、斯里蘭卡、泰國、馬來西亞等國，中國南部亦有栽培。

用　　途：造林、行道樹、庭園樹、炭薪柴、根及心材供藥用。

染色取材：枝葉、樹皮、幹材

植物生態：

　　鐵刀木為落葉性喬木，樹幹灰色，常見染上自身流出的黑色汁液。葉互生，為偶數之羽狀複葉，小葉 6 - 10 對，長橢圓形，鈍頭，先端微凹或有小尖突。圓錐花序呈總狀排列，腋生或頂生，花黃色，花萼五裂，花瓣五枚，莢果扁平，長約 15 - 30 公分，寬約 1 - 1.5 公分，初為綠色，熟後呈暗褐色，內具種子 15 - 30 粒，種子橢圓而扁平，深褐色而帶光澤。

鐵刀木樹幹上經常流出黑色的汁液

鐵刀木開黃色的花

文獻集解：

　　台灣原本不產鐵刀木，鐵刀木是日治前期引進的樹種。至今不過百年左右。《原色台灣藥用植物圖鑑5》記載「台灣最早於1896年從印度引入，後於1901年由藤根吉春氏引進。今中南部多見作行道樹或公園風景樹栽培。」同書在醫藥的「效用」上說「根有袪瘀、利濕、解熱、驅蟲之效。治頭暈、痞滿腹漲、腸寄生蟲、風溼關節炎、腳筋扭傷、小兒驚厥。心材有輕瀉之效，治習慣性便秘。」

　　鄭元春先生所著的《特用植物》中則載有「木材及葉片可提取單寧，供製染料之用，心材有黃褐色條紋，且質地堅重，是建築、家具、雕刻等之良材。葉片是蝴蝶幼蟲優良的食物，在蝴蝶的研究及生態保育上有相當大的用處。……」而蔡福貴先生所著的《木本觀賞植物二》中也有「樹皮及葉可提煉單寧」的記載。過去，我們的祖先們雖不見得曾用過它來染色，但以目前中南部繁殖的眾多數量來看，使用其枝葉確實有取之不盡的豐富性。

染色記事：

　小時候，我家附近的乾河床上，到處都長滿了鐵刀木，據說那是政府的造林。每到夏天，鐵刀木的樹林內外，隨處都可以見到成群的黃蝴蝶，黃蝶尤其喜歡停在水池邊或牛糞上，當我們無意間走過，往往會驚起一團黃色的焰火，令人既詫異，又高興。

　九年前，我們到雲南南方的西雙版納考察，又在路邊看到很多鐵刀木，當地人稱它做豐收樹，意思是它可以年年砍伐，年年生長，砍伐下來的枝葉供家庭燒柴之用，年復一年，只見主幹長得又粗又黑，其餘密生的小枝皆無緣茁壯，形成如兒童畫般的獨特造形。同時在刀口之下的粗幹上，都流散著一道道黑色樹液的痕跡。這個獨特的造形印象，讓我們想到鐵刀木可能可以用來染色，後經查閱鄭元春先生的《特用植物》一書才更肯定其用途。

　鐵刀木枝葉具體染法如下：

1. 將採集的生鮮枝葉，以柴刀將它切成細段，加入適量清水，於不鏽鋼鍋中煎煮萃取色素，萃取時間為水沸後半小時，共萃取三回。
2. 萃取後的染液經細網過濾後，調和在一起作染浴。
3. 被染物先浸透清水，擰乾、打鬆後投入染浴中升溫染色，升溫的速度不宜過快，煮染的時間約為染液煮沸後半小時。
4. 取出被染物，擰乾後進行媒染半小時。
5. 經媒染後的被染物再入原染浴中染色半小時。
6. 煮染之後，被染物取出水洗、晾乾而成。
7. 鐵刀木枝葉染色，在絲布與棉布的呈色非常類似，無媒染和鋁、石灰媒染皆呈中明度的綠褐色，錫媒染的黃味較強、綠味較弱些，呈帶綠味的土黃，銅媒染呈較深的茶褐色，鐵媒染呈帶灰的綠褐色。

鐵刀木的枝葉皆可染色

染材名稱：鐵刀木枝葉	採集季節：十一月	染材用量：500%

染色布樣：蠶絲

染色布樣：棉布

無媒染

日晒堅牢度
★★★★

水洗堅牢度
★★

無媒染

日晒堅牢度
★★★

水洗堅牢度
★★

石灰

日晒堅牢度
★★★★

水洗堅牢度
★★

石灰

日晒堅牢度
★★★

水洗堅牢度
★★

醋酸鋁

日晒堅牢度
★★★★

水洗堅牢度
★★

醋酸鋁

日晒堅牢度
★★★

水洗堅牢度
★★

醋酸錫

日晒堅牢度
★★★★

水洗堅牢度
★★

醋酸錫

日晒堅牢度
★★★

水洗堅牢度
★★★

醋酸銅

日晒堅牢度
★★★★★

水洗堅牢度
★★★

醋酸銅

日晒堅牢度
★★★★★

水洗堅牢度
★★★★

醋酸鐵

日晒堅牢度
★★★★

水洗堅牢度
★★

醋酸鐵

日晒堅牢度
★★★★

水洗堅牢度
★★★

■參考書目：

◎中文書籍：

北魏・賈思勰撰/1998/齊民要術/江蘇廣陵古籍刻印社・揚州

晉・嵇含撰/1965/南方草木狀/台灣商務印書館

唐・張彥遠著/1983/歷代名畫記/人民美術出版社・北京

明・李時珍撰/2000/新訂本草綱目（上）（下）/世一文化事業

明・劉基/多能鄙事/中央圖書館善本室微片

明・宋應星撰/1985/校正天工開物/世界書局

清・方以智/1968/物理小識/台灣商務印書館

清・吳其濬/1960/植物名實圖考/世界書局

清・周鍾瑄主修・陳夢林總纂/1983/台灣省諸羅縣志（二）/成文出版社

清・李丕煜主修・陳文達等編纂/1983/台灣省鳳山縣志（二）/成文出版社

清・王禮主修・陳文達等編纂/1983/台灣省台灣縣志（一）/成文出版社

清・董天工撰/1983/台海見聞錄/成文出版社

清・李廷璧主修・周璽總纂/1983/台灣省彰化縣志（二）/成文出版社

清・陳淑均總纂・李祺生續輯/1983/台灣府葛瑪蘭廳志/成文出版社

清・陳培桂主修・楊浚纂輯/1983/台灣省淡水廳志（二）/成文出版社

連橫撰/1983/台灣通史/成文出版社

黃純青、林熊祥主修/1983/台灣省通志稿/成文出版社

范咸著/1961/重修台灣府志/台灣銀行發行

林興仁主修・盛清圻編纂/1960/台灣省台北縣志（九）/成文出版社

台中縣政府編/1989/台中縣志/台中縣政府

吳山主編/1989/中國工藝美術大辭典/江蘇美術出版社

台灣慣習研究會原著・台灣省文獻會編譯/1992/台灣慣習記事/台灣省文獻會

片岡巖著・陳金田、馮作民合譯/1981/台灣風俗志/大立出版社

孟心如著/1947/植物色素/上海商務印書館

杜燕孫編著/1948/國產植物染料染色法/商務印書館

東方書店編輯部編譯/1964/實用化學工業全書（第六冊）/台灣東方書店

易希陶/1964/經濟昆蟲學/正中書局

洪元平著/1965/台灣省主要作物病蟲害彩色圖說

孟心如著/1975/染色術/台灣商務印書館

矢部章彥等著・賴耿陽譯/1978/精練漂白染色法/五洲出版社

明文書局編/1982/中國紡織史話/明文書局

葉金彰著/1986/台灣經濟作物害蟲圖鑑/興農雜誌

吳淑生、田自秉著/1987/中國染織史/南天書局

聞人軍著/1990/考工記導讀圖譯/明文書局

鄭元春著/1991/有毒植物/渡假出版社

陳運造著/1990、1991/野生觀賞植物（一）（二）（三）/渡假出版社

中國大百科全書出版社編輯部編/1992/中國大百科全書：紡織/中國大百科全書出版社・北京・上海

中國美術全集編委會編/1993/中國美術全集工藝美術編6、7印染織繡（上）（下）/文物出版社・北京

王銘琪著/1993、1995/草本觀賞植物（二）（一）/渡假出版社

蔡福貴著/1994、1995/木本觀賞植物（二）（一）/渡假出版社

劉業經、呂福原、歐辰雄著/1994/台灣樹木誌/國立中興大學農學院出版委員會

陳世行著/1994/恆春特產—瓊麻・洋蔥・港口茶/墾丁國家公園管理處

李勉民主編/1994/常見藥草圖說/讀者文摘遠東有限公司‧香港

鄭元春著/1995/特用植物/渡假出版社

鄭元春著/1995、1997/野菜（一）（二）/渡假出版社

邱年永、張光雄著/1995、1998/原色台灣藥用植物圖鑑（1）（2）（3）（4）（5）/南天書局

王庄穆主編/1996/中國絲綢辭典/中國科學技術出版社‧北京

周汛、高春明編著/1996/中國衣冠服飾大辭典/上海辭書出版社‧上海

黃嘉隆撰文/1997/太平之美－太平市植物資源專輯/台中縣太平市公所

張道一主編/1997/夾纈列漢聲雜誌社

丘應模著/1998/台灣的水果/渡假出版社

何堂坤、趙丰撰/1998/紡織與礦冶志/上海人民出版社‧上海

洪丁興著/1998/台南縣鄉土植物/台南縣政府

李幸祥著/1999/台灣藥草事典（1）（2）（3）（4）/旺文社

顏焜熒著/1999/原色常用中藥圖鑑/南天書局

林則桐等編著/1999/福山原生樹種/台灣省林業試驗所

馬芬妹/1999/青出於藍－台灣藍染技術系譜與藍染工藝之美/台灣省手工業研究所

李瑞宗、陳玲香著/2000/藍－台灣的民族植物與消失產業/陽明山國家公園管理處

潘富俊著/2001/詩經植物圖鑑/貓頭鷹出版

潘富俊著/2001/唐詩植物圖鑑/貓頭鷹出版

呂福原、歐辰雄、呂金誠編著/2001/台灣樹木解說（一）（三）（四）/行政院農業委員會

呂福原、歐辰雄編著/2001/台灣樹木解說（二）/行政院農業委員會

陳景林等著/2001/植物的煉金術/財團法人浩然基金會

◎論文與報告：

馬芬妹/1991/黃色系植物染料的蠶絲染色研究/台灣省手工業研究所

馬芬妹/1993/檳榔、薯榔傳統植物染色之研究/台灣省手工業研究所

馬芬妹/1994/紅色系天然染料蠶絲、羊毛染色之研究/台灣省手工業研究所

王寶瑛/1999/植物染料應用於棉麻織物染色性之研究/中興大學森林學研究所，碩士論文

蔣世寶/2001/中國傳統天然染色材之顯色關係研究－以植物染色之紅色系為例/雲林科技大學視覺
　　　　傳達設計研究所，碩士論文

申屠光/2001/台灣常見植物染色織品染色堅牢度研究報告書/台中縣立文化中心

◎外文書籍：

山崎青樹著/1981/草木染の 事典/東京堂出版‧東京

山崎青樹著/1990/草木染染料植物圖鑑/美術出版社，東京

山崎青樹著/1990/續草木染染料植物圖鑑/美術出版社，東京

寺村祐子著/1992/續‧ウールの 植物染色/文化出版局，東京

山崎青樹著/1994/改訂新版草木染‧糸染の 基本/美術出版社，東京

山崎青樹著/1995/草木染色を 極めて 五十年/美術出版社，東京

山崎青樹著/1995/草木染‧木綿の 染色/美術出版社，東京

寺村祐子著/1996/ ウールの 植物染色/文化出版局，東京

山崎青樹著/1996/續‧續草木染染料植物圖鑑/美術出版社，東京

Jenny Dean/1994/The craft of NATURAL DYEING/Search Press Ltd.

染色之一：

絲成練熟時，萬縷銀光皎
因為五色形，曾費仙葛老
奇方自聖傳，不繼何人曉
染得色鮮明，多是天工巧

染色之二：

深淺練緗纁，蒼黃運巧智
把絲晒柴荊，臨風含綺思
煥然五色紛，爛若雲霞熾
好語付機工，金梭織錦字

——《清·焦秉貞繪御製耕織圖題詩》

謝　辭

　　台灣天然染色研究及出版的工作能順利進行，實賴台中縣立文化中心積極的推動，並承蒙多位師長、前輩與專家學者的指導，還有許多熱心朋友的幫忙，以及道禾文化教育機構的出版發行，才能使我們逐漸達成預定的目標。謹在本書編輯完成之際，向大家致上萬分謝意。

　　大致說來，從事這冷門的工藝研究確實有幾分孤寂。不過，十多年來，因婁師經緯先生對我們染織的啟蒙與引導，才使我們逐漸由生疏而步上專業；何師明績先生對我們所從事的工作多所鼓勵，也讓我們堅定地步上研究的道路；李師惠正先生常對我們的關懷與垂詢，並為本書題字，也讓我們深受感動；道禾文化教育事業機構執行長曾國俊先生在得知文化中心有意將本書與民間合作出版時，即約見作者並詳閱全書內容後，便慨然接手出版發行，對於這原本他不甚熟悉的工藝項目，能如此快速理解要旨，並以文化紮根的精神與作者互勉，也讓我們由衷的感佩。還有植物染色的先行者王勝男老師及曾啟雄教授、賴瓊琦教授等先進，也都對我們所從事的工作多所肯定與期勉，使我們受益良多。同時，國內多位著名的染織同好也給我們很多的意見與幫助，其中馬芬妹老師、簡玲亮老師、馮瓊珠老師、黃淑真老師、黃蘭葉老師、黃亞莉老師等人皆曾在染織技藝上多所砥礪與指教，讓我們倍覺溫馨。

　　植物專家鄭元春先生受聘為本研究的植物顧問，給我們很多植物專業上的指導，張豐吉教授、歐辰雄教授、簡慶德分所長、周勝軍老師、潘清連先生、孫業祺先生、王寶瑛小姐、郭麗娜小姐都曾幫助我們植物的辨識與採集。

　　在國內外進行田野調查時，我們更受到很多朋友與受訪民眾的幫助，其中劉宗煒先生曾陪我們走過無數的荒山野寨，經歷了不少風餐露宿的磨難。何榮茂先生、陳學娟女士、楊德鋆教授、劉素華小姐也給我們做了很多指引及後衛補給的工作，楊文斌先生、廖如君先生、袁南蒙先生、楊咪雙女士、張柏如先生、馬力先生都曾為我們擔任嚮導與翻譯。此外，還有許多少數民族及原住民朋友都曾給我們熱情的幫助，他們都對染色資料的蒐集產生關鍵性的影響。

　　實踐大學服裝系的施素筠教授長年為我們翻譯日文資料，同時也和我們分享她在服飾文化上的心得。在染色布料的取得上也獲得柯銀賢先生和劉友仁先生的熱心幫忙。同時我們的工作伙伴陳明珠、李國泉、高銓卿、徐秀惠、黃英明、顏年芬、黃榮智、賴惠枝等人都為此事付出了很大的熱情。計華設計工作室的黃振華、黃玉卿伉儷不計酬勞，為美化這本書所付出的心力，讓我們感到友誼的溫暖。還有更多不及一一列名的幕後英雄，也分別以不同的形式給我們幫忙，在此一併致上最深的謝忱。

陳景林　馬毓秀　　敬謝　2002年11月

台中縣編織工藝館叢書　　《大地之華—台灣天然染色事典》

發行單位：台中縣立文化中心、道禾文教機構

策劃單位：台中縣立文化中心

封面題字：李惠正

作　　者：陳景林、馬毓秀

著作權人：陳景林、台中縣立文化中心

攝　　影：陳景林、馬毓秀

美術設計：馬毓秀、計畫設計工作室

出 版 者：台中縣立文化中心　　地址：台中縣豐原市圓環東路782號

　　　　　　　　　　　　　　　電話：（04）25260136

　　　　　學禾有限公司　　　　地址：408 台中市人墩18街19號

　　　　　　　　　　　　　　　電話：（04）23259298

定　　價：690元

印　　刷：基盛製版印刷事業有限公司

電　　話：04-23138378

出版日期：九十一年十二月

ISBN　957-01-2719-8(平裝)

行政院新聞局出版事業登記證局台版業字第31號

馬毓秀

2004. 3. 13.